Laufen

KINGSBURY
SUMMER BIATHLON
1990
DUKE

Laufen

AUSRÜSTUNG • TECHNIK • PRAXIS

CHRISTIANE PETERS • THEO STEMPER

FALKEN

Einleitung 6

Laufen – Warum eigentlich? 8

Auswirkungen des Laufens 10
Wie der Körper belastet wird 18

Was tun, bevor man losläuft 24

Wer kann eigentlich laufen? 26
Gesundheits-Check 26
Wann man nicht laufen sollte 27
Wo man am besten laufen kann 28

Was man zum Laufen braucht 30

Der richtige Laufschuh 32
Tips und Tricks für kleine Problemstellen 38
Die passende Laufbekleidung 39
Meßgeräte zur Belastungskontrolle 40

Wie man richtig läuft 42

Die Laufbewegung 44
Der richtige Laufstil 46
Korrektur typischer Fehler 50

Trainingsplanung und -programme 52

Ausdauer-Check und Wahl des richtigen Trainingsprogrammes 54
Der Biorhythmus 57
Die Trainingseinheit 58
Die richtige Trainingsbelastung 61
Trainingsmethoden im Ausdauertraining 61
Das richtige Lauftempo 63
Trainingsbereiche für das Grundlagenausdauertraining 64
Trainingsprogramme für Laufanfänger 66
Trainingsprogramme für Leistungsorientierte 69
Das Trainingsprotokoll 74
Der erste Laufwettbewerb 76

Laufen – Was sonst noch dazu gehört ... 80

Lauf-Variationen ... 82
Wenn Läufer einmal nicht laufen ... 83
Auch Läufer brauchen Kraft ... 84
Methoden des Krafttrainings ... 84
Kräftigungsübungen für Läufer ... 85
Täglich stretchen hält geschmeidig ... 91

Laufen und Ernährung ... 94

Sportler verbrauchen mehr Energie ... 96
Bausteine einer bedarfsangepaßten, vollwertigen Ernährung (Mischkost) ... 98
Bausteine einer gesunden Sportlerernährung ... 99
Tips für die Praxis einer gesunden Sportlerernährung ... 107

Typische Probleme und Risiken beim Laufen ... 108

Laufbeschwerden ... 110
Vorbeugen ist besser als Heilen ... 116
Laufen unter extremen Bedingungen ... 117

Anhang ... 122

Attraktive Laufveranstaltungen ... 123
Glossar ... 124
Adressen ... 126
Literatur ... 126
Register ... 127

Einleitung

Immer mehr Menschen laufen – die Faszination scheint nach wie vor ungebrochen. Und heute steht fest: die Laufbewegung ist mehr als eine vorübergehende Modeerscheinung, kann nicht länger als lediglich kurzatmige »Jogging-Welle« abqualifiziert werden. Vielleicht findet der Mensch der zivilisierten Welt über das Laufen ja zumindest teilweise wieder zurück zu den Ursprüngen seiner natürlichen Bewegungen. Wie hatte es doch der legendäre Olympionike Emil Zatopek so treffend ausgedrückt: »Vogel fliegt, Fisch schwimmt, Mensch läuft!«
Wer dann erst einmal – wieder – losgelaufen ist, den läßt das Laufen nicht mehr los. Egal ob beim Trimm-Trab ins Grüne oder auf der magischen Marathon-Distanz von 42 195 Metern – für Läufer gibt es keinen Halt. Laufen ist für sie Ausgleich nach langer sitzender Tätigkeit, aber auch körperliche Herausforderung. Laufen ist unterhaltsames Bewegungsintermezzo gemeinsam mit der Jogging-Gruppe, aber auch konzentrative oder sogar meditative Extase. Laufen ist seit Urzeiten die einfachste und natürlichste Sache der Welt, aber heutzutage auch gezielt perfektionierte sportliche Leistung. Leider zeigt der Laufsport gerade unter dieser Perspektive aber auch seine Schattenseiten, denn auch er ist nicht immun gegen die »Todsünden« des Hochleistungssports: Vereinnahmung durch politische Ideologie und Machtstreben, Manipulierung und exzessive Steigerung der Leistung durch unerlaubte Mittel, Kommerzialisierung ohne Grenzen.

Doch für die Masse der Läufer gilt: Laufen ist ganz einfach ein sinnliches Vergnügen ersten Ranges. Und nicht der olympische Rekord steht im Vordergrund, sondern die persönlich angemessene Leistung und das angenehme Wohlgefühl, das sich während des Laufens und danach als »runner's highness« einstellen kann.
Wenn die ersten kleinen Hürden überwunden sind, dann können auch Neueinsteiger vom Laufvirus infiziert werden. Und das Schönste: die Ansteckung hat nur positive Effekte – und sogar noch die Nebenwirkungen sind gesundheitlich unbedenklich!

Nur einige wenige Regeln müssen beachtet werden – dann läuft es ohne Probleme. Genau diese »Basics« an Informationen versuchen wir in diesem Buch zu vermitteln. Wir hoffen, daß es uns gelungen ist, damit das zusammenzustellen, was Sie für Ihr persönliches Laufprogramm benötigen.
Nun wünschen wir Ihnen viel Spaß und Erfolg beim Laufen!

Dr. Christiane Peters
Dr. Theo Stemper

Loslaufen – einfach so. Nicht sprinten oder spurten, nicht trippeln oder trappeln, nicht flitzen oder wetzen – Laufen! Der ökonomischste Weg voranzukommen – kinderleicht, natürlich. »Lauf' mal wieder!« verspricht Genuß, Wohlbefinden, Gesundheit, Zufriedenheit – im besten Fall sogar »runner's high«

Laufen – Warum eigentlich?

Jeder Läufer kann es regelmäßig spüren: Dieses wohlige Gefühl der Zufriedenheit, etwas für sich getan zu haben. Doch kaum jemand ist sich darüber im klaren, welche Auswirkungen ein regelmäßiges Lauftraining auf den Körper und die Psyche hat.
Abhängig vom Umfang und von der Intensität des Lauftrainings können diese Auswirkungen positiv oder negativ sein. Das bedeutet, daß eine angemessene Dosierung und Steuerung der Belastung, die sich an den individuellen Voraussetzungen und der Leistungsfähigkeit des einzelnen orientieren muß, besonders wichtig ist.

Auswirkungen des Laufens

Laufen hat vielerlei Einflüsse auf das Herz-Kreislauf-System, das Atmungssystem, den aktiven und passiven Bewegungsapparat, das Hormon- und Immunsystem, den Stoffwechsel und die Verdauung, das Zentralnervensystem sowie auf die Psyche. Gäbe es ein Medikament mit gleicher Wirkung – wieviel würden Menschen dafür bezahlen?!

Zentralnervensystem und Psyche

- Entspannung des Körpers
- Verbesserung der Streßbewältigung
- Steigerung des Wohlbefindens

Atmungssystem

- Steigerung des maximalen Atemminutenvolumens
- Ökonomisierung der Atmung
- Vergrößerung der Leistungsreserven

Herz-Kreislauf-System

- Steigerung der maximalen Leistungsfähigkeit
- Ökonomisierung der Herzarbeit
- Reduktion der Herzbelastung
- Vergrößerung der Leistungsreserven

Stoffwechsel

- Steigerung der Wirksamkeit von Insulin
- Vergrößerung der körpereigenen Energiespeicher
- Ökonomisierung der Energiegewinnung
- Verbesserung der Zusammensetzung der Blutfette

Aktiver Bewegungsapparat

- Steigerung der Sauerstoffaufnahme der Skelettmuskulatur
- Ökonomisierung der Muskeltätigkeit
- Verbesserung der Durchblutung
- Verbesserung der inter- sowie intramuskulären Koordination

Passiver Bewegungsapparat

- Erhöhung der Belastbarkeit von Knochen, Knorpel, Sehnen und Bändern

Ruhe	maximale Belastung
Herzmin.vol.(l/min)	
5,90	24,00
Organdurch-blutung (l/min)	
0,25	1,00
0,75	0,75
3,10	0,60
1,30	21,15
0,50	0,50

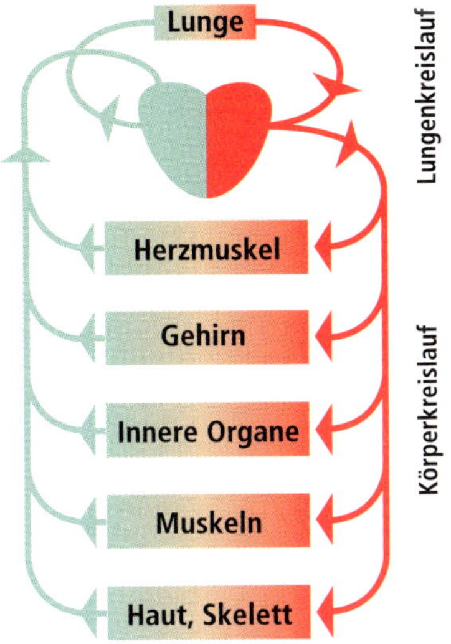

Das Herz pumpt in einem 70- bis 80jährigen Leben circa zweihundert Millionen Liter Blut durch unseren Körper

Herz-Kreislauf-System

Das Herz ist ein Hohlmuskel und arbeitet nach dem Prinzip einer Druck-Saug-Pumpe. Gemeinsam mit dem Gefäßsystem hat es die Aufgabe, den Körper, seinem Bedarf entsprechend, mit Nährstoffen und Sauerstoff zu versorgen und die anfallenden Stoffwechselendprodukte zu entsorgen.
Während das Herz eines Untrainierten in Ruhe normalerweise 70- bis 80mal pro Minute schlägt, reduziert sich die Schlagzahl auf 40 bis 60 Schläge pro Minute beim Ausdauerläufer. Dabei wird die gleiche Menge Blut durch das Herz in den Körper gepumpt. Trainingsbedingte Veränderungen zeigen sich in einer Verbesserung der Sauerstofftransportkapazität des Herz-Kreislauf-Systems. Dieses arbeitet durch das Training ökonomischer und hält außerdem durch verschiedene Anpassungsvorgänge größere Leistungsreserven bereit.

Das Blut besteht aus festen und flüssigen Bestandteilen. Den größten Teil der festen Bestandteile des Blutes bilden die roten Blutkörperchen, die für den Transport des lebenswichtigen Sauerstoffs verantwortlich sind

Meßgrößen	Trainingszustand Untrainiert	Trainiert
Herzvolumen	400–600 ml (weiblich) 700–800 ml (männlich)	900–1200 ml (weiblich) 1400 ml (männlich)
Blutvolumen	4,5–5,5 l	5,0–6,5 l
Ruheherzfrequenz	70–80 S/min	40–60 S/min
Schlagvolumen	60–90 ml	bis 180 ml
Herzminutenvolumen unter Belastung	18 l/min	36 l/min

Anpassung des Herz-Kreislauf-Systems

Atmungssystem

Bei der Einatmung gelangt die Atemluft, und mit ihr der lebenswichtige Sauerstoff, aus der Umgebung in die Lungenbläschen (Alveolen). Mittels Diffusion tritt er in das Blut über und wird dort, mit Hilfe des roten Farbstoffes (Hämoglobin) in den roten Blutkörperchen, zu entfernten Körperregionen transportiert, beispielsweise zur Muskulatur. In den Mitochondrien, den Energiekraftwerken der Zellen, wird der Sauerstoff verbraucht. Als ein wesentliches Endprodukt entsteht Kohlendioxid, das auf dem umgekehrten Weg zur Lunge transportiert und ausgeatmet wird.

Unter Belastung besteht ein erhöhter Sauerstoffbedarf, der durch eine Steigerung des Atemminutenvolumens abgedeckt wird. Während der untrainierte Läufer dies hauptsächlich über eine Erhöhung der Atemfrequenz erzielt, reguliert der ausdauertrainierte Läufer die Atemminutenvolumenzu-

Meßgrößen	Trainingszustand Untrainiert	Trainiert
Atemfrequenz	40–50 Atemzüge/min	bis 60 Atemzüge/min
Atemzugvolumen	bis 2,5 l	bis 4,0 l
Atemminutenvolumen	ca. 120 l	ca. 170 l
VO_2max/kg Körpergewicht	32–35 ml (weiblich) ca. 40 ml (männlich)	bis 80 ml
Vitalkapazität	4,0–5,0 l	bis 8,0 l

Anpassungen der Atmung unter Belastung (VO_2max = maximale Sauerstoffaufnahme)

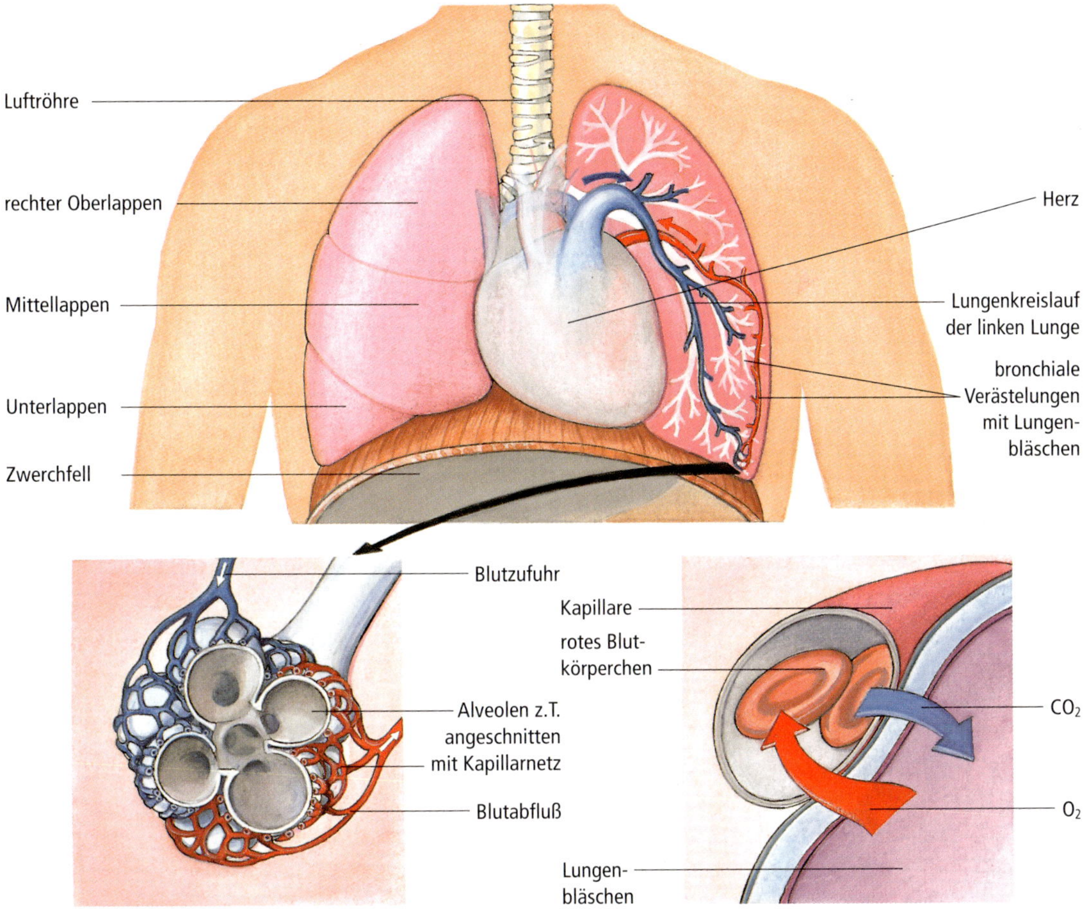

Von der Lunge aus gelangt der Sauerstoff mit Hilfe der roten Blutkörperchen in die unterschiedlichen Gewebe, wo mit seiner Hilfe Energie gewonnen wird

nahme eher über eine Steigerung der Atemtiefe (Atemzugvolumen). Dies ermöglicht ihm eine zusätzliche Reserve und erhöht zugleich das maximal mögliche Atemminutenvolumen. Eine verbesserte Atemtechnik, die tiefere Atmung sowie der Anstieg des maximal möglichen Atemminutenvolumens bewirken insgesamt eine Ökonomisierung der Atmung.

Aktiver Bewegungsapparat

Jeder der mehr als 600 Muskeln des Körpers wird mit Hilfe komplizierter Schaltkreise von Nerven versorgt. Dabei erfolgt in den Muskeln eine Umwandlung von chemischer in mechanische Energie und damit letztlich eine Verkürzung der Muskulatur.

Doch woher stammt die Energie, die der Körper verwenden kann? Damit die Muskulatur sich verkürzen kann, benötigt sie ohne Verzögerung Energie. Diese stammt aus energiereichen Phosphatverbindungen, die unmittelbar neben der Muskelzelle liegen. Diese *»Muskelbatterie«* besteht aus ATP (Adenosintriphosphat) und KP (Kreatinsphosphat). Sobald diese Stoffe gespalten sind – die »Batterie« entladen ist – müssen sie schnellstmöglich wieder zusammengesetzt werden.

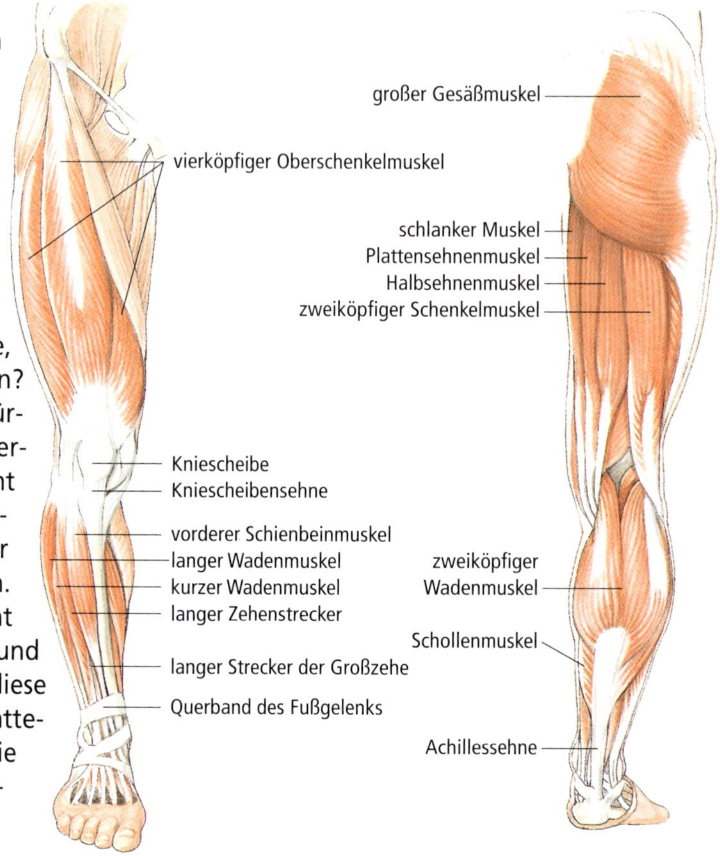

Laufen ist eine komplexe Bewegung, bei der viele Muskeln in zeitlicher Reihenfolge versetzt und fein aufeinander abgestimmt aktiviert werden

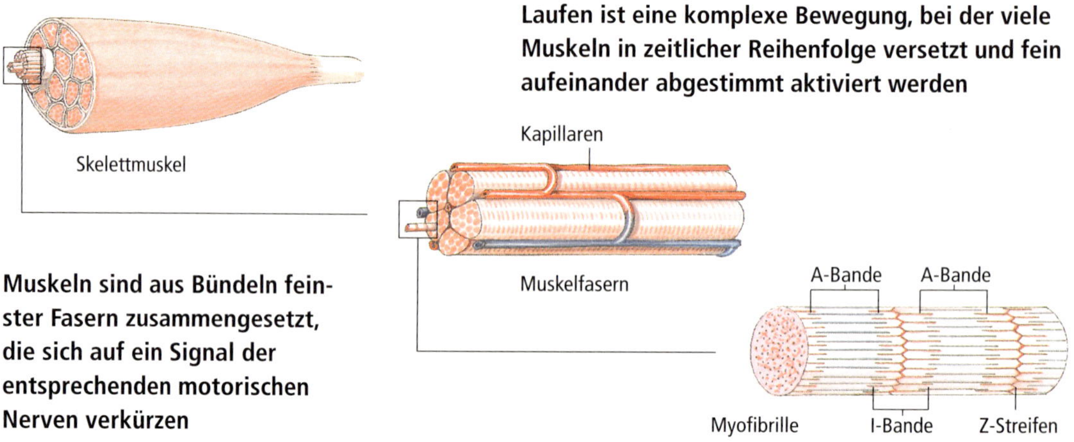

Muskeln sind aus Bündeln feinster Fasern zusammengesetzt, die sich auf ein Signal der entsprechenden motorischen Nerven verkürzen

Vergleichbar mit dem Vergaser eines Autos, in dem Benzin zur Verbrennung und Energiegewinnung eingesetzt wird, kann in der menschlichen Muskulatur *»Muskeltreibstoff«* als Energiequelle herangezogen werden. Er steht in Form von Nährstoffen zur Verfügung:

- Fettsäuren,
- Kohlenhydraten (in Form von Glukose und Glykogen),
- Eiweiß (nur bedingt).

Die Nährstoffe werden über die Nahrung aufgenommen und bei der Verdauung aus den Lebensmitteln herausgelöst. Sie sind im Normalfall jederzeit verfügbar. Bei Bedarf können sie aber auch aus großen körpereigenen Speichern (Fettdepots, Glykogendepot der Leber) mobilisiert werden.

Die Energie aus den Kohlenhydraten kann dem Körper auf zwei Wegen zur Verfügung gestellt werden. Beim ersten, schnelleren Weg, werden sie nur zum Teil abgebaut, ohne daß dazu Sauerstoff benötigt wird. Man spricht daher von **anaerober Energiebereitstellung.** Auf diese Weise kann selbst bei intensiver Belastung ATP sehr schnell wieder aufgebaut werden. Es wird jedoch immer nur wenig ATP je Teil Glukose gewonnen, und als Endprodukt entsteht Milchsäure (Laktat). Steigt dieser Wert im Muskel zu stark an, so zwingt er ihn zur Verlangsamung oder zum Abbruch seiner Tätigkeit.

Ist die Beanspruchung dagegen geringer, so können Kohlenhydrate und auch Fettsäuren in den Mitochondrien der Muskelzelle abgebaut werden, so daß keine störenden

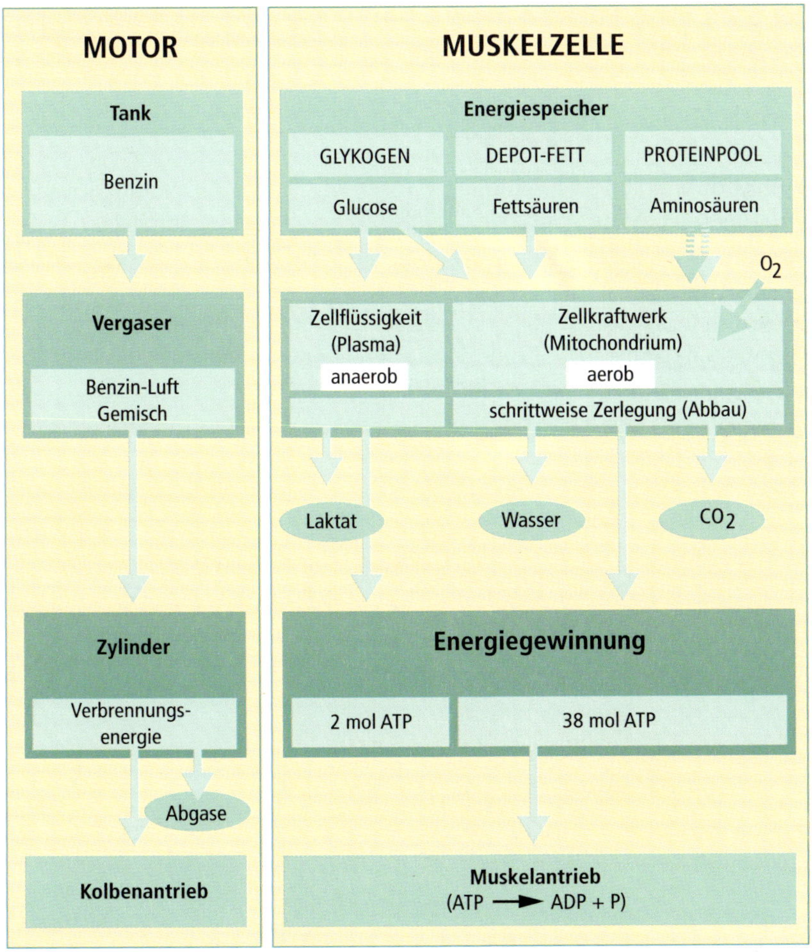

Die Energiebereitstellung (modifiziert nach GEIGER 1988)

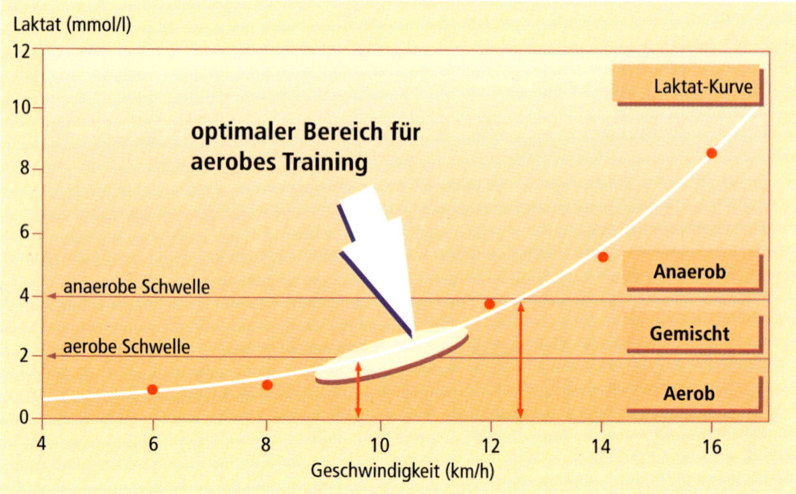

Bei einem stufenförmigen Belastungstest kann, mit Hilfe der Laktatmessung, der optimale Bereich für aerobes Training ermittelt werden

Aerob
mit ausreichender Sauerstoffzufuhr
Anaerob
mit Sauerstoffdefizit

Endprodukte, sondern lediglich Wasser (H_2O) und Kohlendioxid (CO_2) entstehen. Zu dieser wesentlich effektiveren, aber langsameren Art der Energiebereitstellung ist Sauerstoff erforderlich, der über die Atemwege und die Blutbahn bis zur Muskelzelle transportiert wird. Daher spricht man in diesem Fall von **aerober Energiebereitstellung.**
Nur das harmonische Zusammenspiel aller Muskeln ermöglicht die Lösung gezielter Bewegungsaufgaben. Durch lokales Muskelausdauertraining kann die Koordination der Bewegungen verbessert werden.

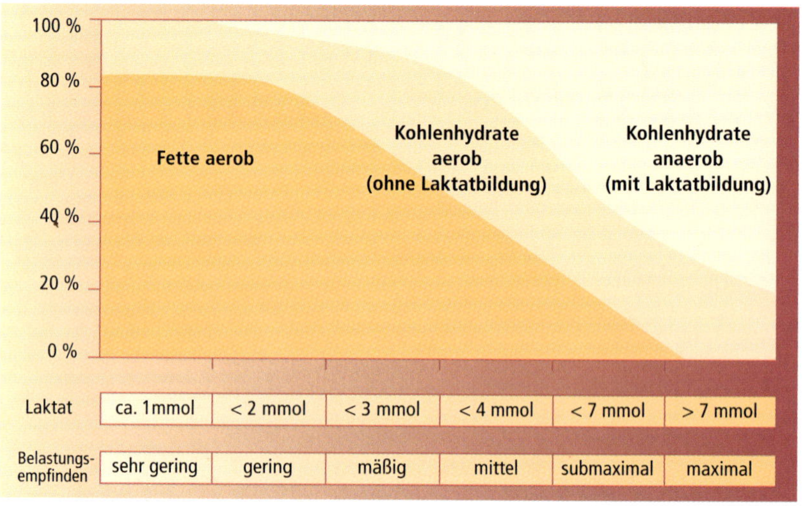

Laktat	ca. 1mmol	< 2 mmol	< 3 mmol	< 4 mmol	< 7 mmol	> 7 mmol
Belastungsempfinden	sehr gering	gering	mäßig	mittel	submaximal	maximal

Energiebereitstellung bei verschiedenen Belastungsintensitäten

Das heißt, Bewegungen können energiesparender ausgeführt werden, und die Ermüdung tritt erst zu einem späteren Zeitpunkt ein. Dazu tragen auch Trainingsanpassungen in der Skelettmuskulatur bei. Im einzelnen handelt es sich dabei um eine Vermehrung und Vergrößerung der Mitochondrien, einen besseren Enzymbesatz und eine Erhöhung des Glykogen- und Fettgehaltes als Energielieferanten in der trainierten Muskelzelle. Zudem verbessert sich bei trainierten Muskelzellen die Fähigkeit, bei submaximalen Belastungen bevorzugt auf günstigere Möglichkeiten der Energiegewinnung (Fettverbrennung) zurückgreifen zu können. Insgesamt wird die Muskelarbeit ökonomischer, die Sauerstoffaufnahme sowie die *inter-* beziehungsweise *intramuskuläre Koordination* verbessert.

Passiver Bewegungsapparat

Auch beim passiven Bewegungsapparat zeigen sich Anpassungserscheinungen an regelmäßiges Laufen vor allem in den Beinen. Knochen, Knorpel, Sehnen und Bänder reagieren mit einer funktionellen Verstärkung und einer erhöhten Belastbarkeit auf die regelmäßige, vermehrte Beanspruchung, sofern sie richtig dosiert ist.

Immun-und Hormonsystem

Durch sportliche Betätigung können auch Trainingseffekte im Immunsystem erzielt werden, die sich in einer verbesserten Infektabwehr äußern. Anpassungserscheinungen des Hormonsystems an regelmäßiges Laufen zeigen sich zum Beispiel in einer geringeren Ausschüttung von Streßhormonen und einer verbesserten Wirksamkeit des blutzuckersenkenden Insulins.

Zentralnervensystem und Psyche

Es gibt viele Gründe zu laufen, doch die wohl beste Motivation ist, daß es Spaß macht. Neben der Freude an der Bewegung hat Laufen darüber hinaus auch eine entspannende Wirkung. So versuchen viele Jogger, ihren Streß durch die Entspannung beim Laufen zu kompensieren. Die sich einstellende Vagotonie (Überwiegen des auf Erholung ausgerichteten Anteils des vegetativen Nervensystems) ist dabei eine Reaktion des vegetativen Nervensystems. Die verminderte Ausschüttung von Streßhormonen hat zur Folge, daß Belastungssituationen besser toleriert werden und die Erholung des Körpers gewährleistet ist.
Die durch das Laufen hervorgerufenen Emotionen und Stimmungen werden unter anderem durch die vermehrte Ausschüttung von Endorphinen bewirkt. Dabei handelt es sich um eine körpereigene, morphiumähnliche Substanz, die ab einer bestimmten Laufdauer beziehungsweise -intensität vermehrt freigesetzt und für das *»runner's high«* oder die *»Laufsucht«* verantwortlich gemacht wird.

Kraft
Fähigkeit des Muskels, einen äußeren Widerstand zu überwinden, halten oder abzubremsen.
Ausdauer
Widerstandsfähigkeit gegen Ermüdung sowie rasche Erholungsfähigkeit.
Beweglichkeit
Fähigkeit zur Ausführung von Bewegungen im anatomisch möglichen Rahmen.
Koordination
Fähigkeit zum feinabgestimmten Zusammenwirken von Muskeln und Muskelgruppen
Schnelligkeit
Fähigkeit zur schnellen Bewegungsausführung

Wie der Körper belastet wird

Laufen ist Ausdauersport

Wer trainiert, hat immer bestimmte Erwartungen an sein Trainingsprogramm. Er oder sie möchte etwas für die Gesundheit tun, das Wohlbefinden steigern, die Figur verbessern, etwas fitter werden oder sich auf einen Wettkampf vorbereiten.
Was von alledem kann ein Läufer von seinem Training erwarten? Die Antwort ist zunächst trivial, bringt aber die Sache auf den Punkt: Wer sich ausdauernd belastet, der verbessert in erster Linie seine Ausdauer.
Da man im allgemeinen längere Zeit und größere Strecken läuft, wird dadurch zunächst einmal vorwiegend folgendes verbessert:

1. die Fähigkeit, der Ermüdung länger zu widerstehen,
2. die Fähigkeit, sich nach Belastungen schneller wieder erholen zu können.

Genau das aber sind die charakteristischen Merkmale, die die motorische Eigenschaft beziehungsweise Fähigkeit **»Ausdauer«** auszeichnen. Ebenso wie Radfahren, Schwimmen, Skilanglauf und (Berg-)Wandern gilt Laufen daher zu Recht als »klassische Ausdauersportart«. Die weiteren Fitneß-Bausteine **Kraft, Beweglichkeit, Schnelligkeit** und **Koordination** lassen sich dagegen eher durch andere Sportarten verbessern wie zum Beispiel durch die Spielsportarten, Aerobic oder Circuit-Training (siehe Tabelle).

Trainingswirkungen verschiedener Sportarten auf die motorischen Eigenschaften

Sportart	Trainingswirkung (beanspruchte Fähigkeit)				
	Ausdauer	Kraft	Beweglichkeit	Koordination	Schnelligkeit
Laufen	+++	+	(+)	+	+
Radfahren	+++	++	(+)	+	+
Schwimmen	++(+)	+(+)	+	++	+
Skilanglauf	++(+)	+	+	++	+
(Berg-)Wandern	++	+(+)	(+)	+	(+)
Aerobic	++(+)	++	++	++	+
Body-Building	(+)	+++	++	+	(+)
Circuit-Training	+++	+++	++	+	+
Fußball	++(+)	+	+	++	++
Tennis	(+)	++	+	+++	+
Squash/Badminton	+	++	++	+++	++

+++ = sehr hoch, ++ = hoch, + = mäßig, (+) = kaum

Leistungssportler müssen auch eine hohe anaerobe Leistungsfähigkeit haben, um im Wettkampf zu bestehen. Denn dort wird der Körper bis an seine Leistungsgrenze belastet. Daher ist auch ein bedeutender Teil ihres Trainings intensiver als bei Hobbyläufern

Ob durch Laufen ein umfassendes Fitneßtraining erzielt werden kann – und darüber hinaus sogar eine positive Beeinflussung der »totalen Fitneß« (Gesundheit) –, hängt vom Trainingszustand jedes einzelnen ab sowie vom Lauftempo. Wer zum Beispiel lange nicht aktiv war und allmählich mit dem Laufen oder – als Einstieg – mit dem Walking beginnt, für den wirkt Laufen so ähnlich wie ein »Lebens-Mittel« oder ein Kombinationspräparat in der Medizin. Das Training hat für ihn vielfältige Effekte, so daß dadurch auch Kraft und Koordination, vielleicht ein wenig auch Beweglichkeit und Schnelligkeit verbessert werden.

Die Muskelbelastung beim Laufen verbraucht Energie. Daher trainiert regelmäßiges Laufen auch die Organe und Organsysteme des Körpers, die für die Erzeugung und den Transport von Energie zuständig sind: Herz-Kreislauf- und Atmungssystem bleiben intakt, die Verdauung wird optimiert, das Nervensystem als Kontroll- und Steuerinstanz arbeitet ausgeglichener. Laufen steigert daher nicht nur die motorische und körperliche Fitneß, sondern verbessert mittelbar auch unsere Gesundheit (siehe Seiten 10 ff.).

Statisch
Spannungsentwicklung des Muskels ohne nach außen sichtbare Verkürzung
Dynamisch
Spannungsentwicklung des Muskels in Bewegung

Laufen für die Ausdauer

Trainingswissenschaft und Sportmedizin kennen verschiedene Formen der Ausdauer. Sie unterscheiden Ausdauer:
1. bezüglich der Menge der eingesetzten Muskelmasse in »lokal« (weniger als 1/6 der Skelettmuskulatur) und »allgemein« (mehr als 1/6 der Skelettmuskulatur),
2. nach der Art des Energieverbrauchs in »aerob« und »anaerob«,
3. hinsichtlich der Art der Belastung in **»statisch«** und **»dynamisch«** mit jeweils entsprechenden Effekten.

Im *Leistungssport* kommen alle Formen der Ausdauer zum Einsatz. In den verschiedenen Laufdisziplinen verändert sich die Belastung mit zunehmender Streckenlänge von eher anaerober zu aerober Belastung (siehe Tabelle).

Ausdauerart	Funktionssystem				
	Herz-Kreislauf	Sauerstoff-Aufnahme	Energie anaerob	Energie aerob	Energie-verbrauch
	S/min	%	%	%	kcal/min
KZA 35 s – 2 min	185–200	90–100	80–60	20–40	40
MZA > 2–10 min	190–210	95–100	40–20	60–80	30
LZA I > 10–35 min	180–190	90–95	15	85	28
LZA II > 35–90 min	175–190	80–95	10	90	26
LZA III > 90–360 min	150–180	60–90	5	95	20
LZA IV > 360 min	120–170	50–60	1	99	< 18

Beanspruchung verschiedener Funktionssysteme bei Ausdauerbelastungen im Wettkampf-Leistungssport (modifiziert nach NEUMANN 1991)

KZA = Kurzzeitausdauer,
MZA = Mittelzeitausdauer,
LZA = Langzeitausdauer

Wenn Ausdauer aber als *Gesundheits- oder Breitensport* betrieben wird, dann sollte es sich in erster Linie um *»allgemeines, aerobes, dynamisches Ausdauertraining«* handeln. Denn vor allem mit dieser Form lassen sich die gesundheitlichen Vorzüge des Lauftrainings voll ausschöpfen (siehe Seite 10 ff.).

Um die Effekte des aeroben Ausdauertrainings mit den zahlreichen organischen Anpassungen hervorrufen zu können, müssen folgende Bedingungen erfüllt sein:

1. Einsatz einer ausreichend großen Muskelmasse (mehr als $^1/_6$ der Skelettmuskulatur, wie auch beim Laufen),
2. genügend lange Belastungsdauer (mehrmals pro Woche mindestens 10 Minuten, besser 30 bis 40 Minuten dreimal wöchentlich),
3. angemessene Belastungsintensität, bei der die Sauerstoffversorgung noch ausreicht (siehe Seite 16).

Im Freizeit- und Gesundheitssport steht die aerobe, dynamische Belastung an erster Stelle. Auf diese Eigenschaft konzentrieren sich auch die Darstellungen in diesem Buch

Warum der Körper durch Laufen leistungsfähiger wird

Der Körper antwortet auf Training mit zunehmender Ermüdung. Je nach Art des Trainings tritt aber im Verlauf von 1 bis 3 Tagen eine allmähliche Erholung, respektive Regeneration ein. Anhaltspunkte über die unterschiedliche Dauer der Erholungsphasen liefert die nachfolgende Tabelle (siehe Seite 23).

Die Erholungszeit läßt sich durch unterstützende Maßnahmen wie langsames »Auslaufen« (Cool down), warme Duschen und Bäder, Sauna und Massage sowie eine vollwertige Ernährung verkürzen.

War die Beanspruchung in der Belastungsphase genügend hoch, findet in den Energiespeichern, den Stoffwechsel- und Regulationssystemen sowie den Muskelstrukturen des Körpers nach der Erholungsphase ein Mehrausgleich statt. Die Speicher werden wieder aufgefüllt und kurzfristig über die Ausgangswerte aufgestockt. Diesen Überschuß in den belasteten Strukturen bezeichnet man als Superkompensation oder Trainingsgewinn.

Training ist ein fein abgestimmtes Wechselspiel zwischen Ermüdung und Erholung. In der Erholungsphase kommt es zur Leistungsverbesserung, der Superkompensation

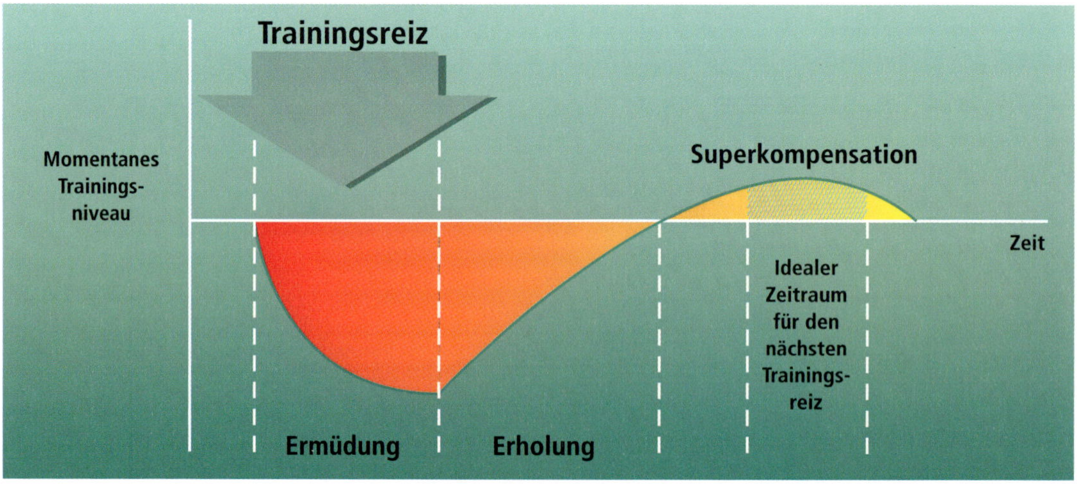

Wird auf diesem Niveau ein neuer Trainingsreiz gesetzt, kommt es zu einer Verstärkung der Superkompensationswirkungen. Das bedeutet eine Leistungssteigerung über das Ausgangsniveau hinaus durch die Verbesserung der energetischen Prozesse in der Muskulatur, den Organ- und Nervensystemen.

Wichtig: Nur die optimale Abstimmung von Trainings- und Erholungsphasen führt zum gewünschten Trainingserfolg.

Zu häufiges oder zu intensives Training, das nicht auf die Belastbarkeit des Trainierenden abgestimmt ist, kann mehr schaden als nützen. Die Anforderungen an den Organismus sind zu hoch, die Erholungszeiten und Entlastungsphasen zu kurz. Es kommt zu Übertraining und damit zur Stagnation oder sogar zu einer Abnahme der Leistungsfähigkeit.

Mit zu geringen Reizen erreicht man ebenfalls keine Leistungssteigerung, denn der Körper gewöhnt sich an die Belastungen. Daher müssen Umfang und Intensität des Trainings ständig dem aktuellen Leistungsniveau der funktionellen Systeme angepaßt werden, um weitere Erhöhungen zu erzielen.

Geschwindigkeit der Anpassung verschiedener Organsysteme an ausdauerorientiertes Training

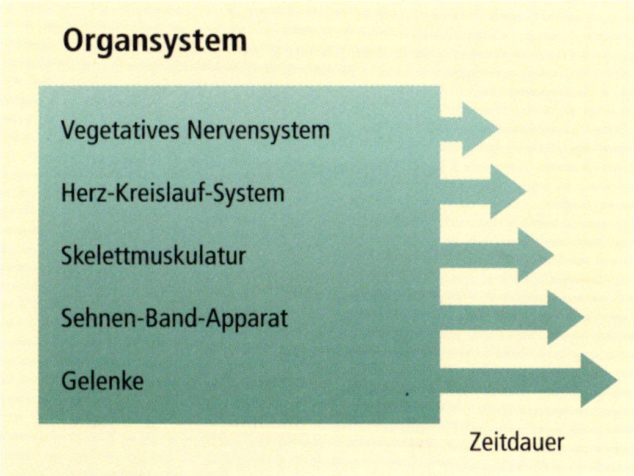

Art des Trainings	**Könnensstufe** Einsteiger	Könner
Leichte Gymnastik	24 Stunden	12 Stunden
Leichtes Ausdauertraining (z.B. Gehen, Traben)	36 Stunden	18 Stunden
Intensives Ausdauertraining (z.B. Laufen)	48 Stunden	24 Stunden
Hochintensives Ausdauertraining (Bergläufe)	60 Stunden	36 Stunden
Intensives, maximales Krafttraining	72–96 Stunden	48–60 Stunden

Erholungs-/Regenerationszeiten nach Belastung (nach STEMPER/WASTL 1994, S. 25)

Stop! Erst testen – dann trainieren! Doch keine Angst, der Gesundheits-Check dient nur der eigenen Sicherheit. Damit man anschließend beruhigt loslaufen kann, wie fast jeder. Nach Programm oder Lust und Laune, allein oder mit Freunden – der Spaß steht in jedem Fall im Vordergrund

Was tun, bevor man losläuft?

Laufen kann eigentlich jeder. Doch damit das Laufen auch wirklich zum Vergnügen wird, sind einige Vorüberlegungen sinnvoll. Denn bevor man losläuft, empfiehlt es sich, zunächst einen Gesundheits-Check durchzuführen. Für Personen ab 35 Jahren oder Menschen mit gesundheitlichen Risiken ist er sogar absolut notwendig.

Sobald dann der Arzt grünes Licht gegeben hat, muß man nur noch überlegen, wo man läuft und wann man eventuell einmal auf das Laufen verzichten sollte.

Wer kann eigentlich laufen?

Laufen kennt jeder – und mit ganz wenigen Einschränkungen kann es im Grunde auch jeder, unabhängig von Alter und Geschlecht, Größe und Gewicht, Hautfarbe und Nationalität. Denn Laufen muß man nicht lernen – es ist uns angeboren und eine der urtümlichsten Bewegungen überhaupt.

Für Kinder ist es ein ständiges Vergnügen, sich nach ihren Bedürfnissen laufend frei fortzubewegen. Manche Erwachsene dagegen brauchen manchmal einige Zeit, bis sie sich wieder soweit an die Laufbewegung zurück»erinnert« und gewöhnt haben, daß sie diese ohne Probleme ausführen können. Dies gilt besonders für Senioren. Doch im Grunde können auch sie noch bis ins hohe Alter problemlos laufen, sofern die Belastung auf die jeweilige Leistungsfähigkeit und Belastbarkeit abgestimmt ist. Wissenschaftliche Untersuchungen belegen sogar, daß selbst noch über 70jährige nach einem wohl dosierten Lauftraining positive körperliche Veränderungen zeigen. Und wer regelmäßig über längere Zeit trainiert hat, im Idealfall gar ein Leben lang, der kann noch bis ins höchste Alter längere Laufwettbewerbe ohne gesundheitliche Probleme durchstehen.

Laufen ist im Grunde auch als Familiensport ideal, denn natürlich können alle gemeinsam joggen, und zwar ohne großen organisatorischen oder finanziellen Aufwand. Voraussetzung ist dann jedoch, daß alle etwa die gleiche Leistungsfähigkeit haben oder aber bereit sind, ihr Tempo ohne Murren am Schwächsten auszurichten.

Die wenigen Einschränkungen beim Laufen gelten einerseits für Personen, die an einer akuten oder chronischen Erkrankung leiden, andererseits für bestimmte Umweltbedingungen. Dann kann es vorkommen, daß man vorübergehend, nur in ganz seltenen Fällen auch dauerhaft, auf das Laufen verzichten muß. Doch selbst bei vielen chronischen Erkrankungen, wie Diabetes oder Herzinsuffizienz, ist Laufen in dosierter Form oft noch möglich. Mehr dazu finden Sie auf Seite 28.

Für alle Gesunden gilt dagegen: Laufen ist ohne weiteres möglich – man sollte nur sicher sein, daß wirklich alles in Ordnung ist. Darüber informiert der »Gesundheits-Check«.

Der Gesundheits-Check

Jeder, der mit einem regelmäßigen sportlichen Lauftraining beginnen möchte, sollte seine Sporttauglichkeit bei einer ärztlichen Untersuchung überprüfen lassen. Für Personen über 35 Jahren bietet sich hierzu der von den Krankenkassen angebotene Gesundheits-Check an. Neben einer allgemeinen ärztlichen Untersuchung (Arztgespräch, Ruhe-EKG, Blutdruckmessung, Laboruntersuchung) ist darüber hinaus aber auch wichtig, den Blutdruck und die Herzaktivität im Rahmen eines Belastungstests zu überprüfen. Er liefert wichtige Informationen über die Belastbarkeit und Leistungsfähigkeit des ambitionierten Sportlers. Zusätzlich kann man dabei auch feststellen, ob Risikofaktoren vorliegen oder gar Schädigungen des Herz-Kreislauf-Systems, die beim sportlichen Lauftraining unbedingt berücksichtigt werden müssen.

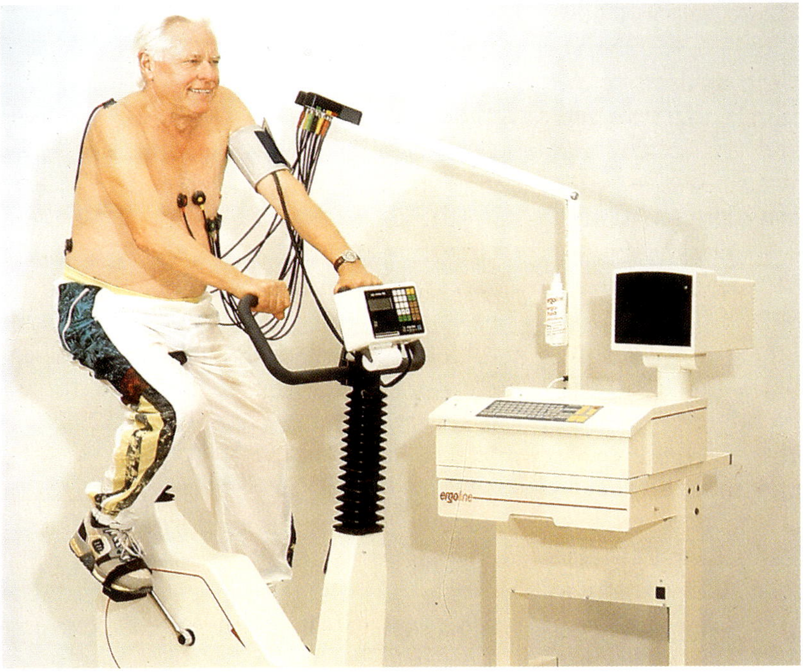

Die Belastungsuntersuchung wird meistens auf dem Fahrradergometer durchgeführt

Wann man nicht laufen sollte

Laufen gehört zu den Sportarten mit den meisten positiven Auswirkungen auf Körper und Psyche. Da es individuell dosiert werden kann, ist Laufen selbst für Risikogruppen sehr gut geeignet, wenn unter ärztlicher Betreuung einige krankheitsspezifische Aspekte berücksichtigt werden.

So ist etwa bei *Übergewicht* ein Ausdauertraining – in Kombination mit einer behutsamen Ernährungskontrolle – die ideale Methode, um Gewicht zu reduzieren. In den meisten Fällen muß man aber den Gelenken zuliebe zunächst mit schonenden Ausdauerbelastungen, wie Walking, Schwimmen, Radfahren oder Aquajogging beginnen, bevor man ans Laufen denkt (siehe auch Seite 83).

Gegenanzeigen für die Durchführung eines Lauftrainings:

- *Durchblutungsstörungen des Herzmuskels sowie schwere Herzrhythmusstörungen bereits in Ruhe*
- *Akuter Herzinfarkt oder Herzmuskelentzündung*
- *Schwere Herzklappenfehler*
- *Schlecht eingestellter Bluthochdruck*
- *Schlecht eingestellter Diabetes mellitus*
- *Schwere Infektionen oder Organschäden*
- *Schwere rheumatische Erkrankungen*
- *Schwere orthopädische Erkrankung (z.B. akuter Bandscheibenvorfall)*

Geradezu ideal sind ausdauernde Läufe auch als sportliche Betätigung bei *Bluthochdruck*, sofern nicht grundsätzliche Bedenken des Arztes vorliegen. Denn beim Laufen steigt der Blutdruck nur geringfügig an, so daß auf Dauer das Laufen sogar wie ein blutdrucksenkendes Medikament wirken kann. Das ist auch für andere *Herz-Kreislauf-Erkrankte*, zum Beispiel Personen nach einem *Herzinfarkt*, ein wünschenswerter Effekt.

Ähnliches gilt bei Störungen des *Fettstoffwechsels*. Ein Zuviel an »schädlichem Cholesterin« LDL (Fett-Eiweiß-Verbindung geringer Dichte) kann durch Laufen verringert, das »gute Cholesterin« HDL (hohe Dichte) dagegen erhöht werden.

Selbst für *Diabetiker* – für den jugendlichen Typ I (keine Insulinproduktion) wie für den Altersdiabetiker vom Typ II – ist Laufen grundsätzlich geeignet. Allerdings ist die vorherige Aufklärung durch einen erfahrenen Arzt oder eine Diabetiker-Sportgruppe unerläßlich, damit durch das Laufen keine Unterzuckerung eintritt.

Bei bestimmten gesundheitlichen Problemen sollten Sie aber auf das Lauftraining verzichten. Neben schweren Erkrankungen des Herzens zählen hierzu alle akuten Infektionen. Darüber hinaus gilt ein Laufverbot auch für schwere orthopädische oder rheumatische Erkrankungen. Hier ist eine Rücksprache mit dem Hausarzt dringend erforderlich. Bei akuten Infektionen sollten Sie auf jeden Fall eine Pause einlegen, sonst riskieren Sie, daß sich die Erreger im ganzen Körper verteilen. Mögliche Folgen können Herzmuskel- oder Herzinnenhautentzündungen sein, die später Herzklappenschäden begünstigen. Gönnen Sie Ihrem Körper daher einige Tage Erholung, bis Sie das Training wieder aufnehmen.

Wo man am besten laufen kann

Wer laufen will, findet auch in seiner Nähe ein passendes Trainingsgelände. Generell eignen sich Wald-, Wiesen-, Parkwege sowie Laufbahnen, aber auch asphaltierte Feld- und Wirtschaftswege. Immer beliebter wird auch das Training auf Laufbändern in Fitneßstudios. Da jeder Laufuntergrund seine Vor- und Nachteile hat, sollten Sie den Trainingsort öfter mal wechseln. Dies macht nicht nur durch die verschiedenen Eindrücke mehr Spaß, sondern man wird auch unterschiedlich belastet.

Bevorzugt sollten Sie aber auf einem etwas nachgebenden Naturboden (z.B. Waldweg) laufen, da er für den Bewegungsapparat der schonendste Untergrund ist, sprich: die Belastung besser abfängt. Im Wald sind Sie zudem

vor Wind und Regen geschützt und an heißen Tagen vor zu intensiver Sonnenbestrahlung. Laufen Sie aber in der Wegmitte, weil die Füße ansonsten durch die schrägen Bodenverhältnisse am Wegrand unterschiedlich stark belastet werden. Naturbelassener Waldboden hat aber auch Nachteile: durch Wurzeln, Äste oder feuchte Blätter ist die Verletzungsgefahr (z.B. Umknicken des Fußes) größer als auf asphaltierten Wegen oder Straßen. Auf einer ebenen, harten Oberfläche können Sie auch technisch sauberer und, bei gleichem Tempo, mit weniger Kraftaufwand laufen.
Aus Sicherheitsgründen sollten Sie Feld- und Wirtschaftswege stets der Straße vorziehen. Falls Sie aber doch mal auf der Straße trainieren, laufen Sie auf der linken Seite – den Autos entgegen – um notfalls schnell ausweichen zu können.

Sandiger Heideboden oder Sandstrand sind ebenfalls geeignete Laufuntergründe.
Diese relativ weichen Böden geben aber beim Aufsetzen und Abdrücken des Fußes leicht nach. Dadurch ist die Belastung, vor allem für die Achillessehne, ziemlich groß. Zudem benötigt man verhältnismäßig viel Kraft. Am Strand sollten Sie deshalb relativ nahe am Wasser laufen, wo der Sand fester ist. Wollen Sie barfuß am Strand laufen, sollten Sie bedenken, daß die Reibung der Sandkörner an den Füßen sehr groß ist und die Haut mit der Zeit richtiggehend »abgehobelt« wird.
Laufen in hügeligem Gelände (mit größeren Steigungen) kostet mehr Kraft. Daher sollten Anfänger zunächst flache Trainingsstrecken wählen. Bei fortgeschrittenem Leistungsvermögen bietet ein profiliertes Gelände jedoch viel Abwechslung.

Tragen Sie in unterschiedlichem Trainingsgelände verschiedene Laufschuhmodelle. Dies ist auch für Ihre Füße eine willkommene Abwechslung

Laufen ist für jeden erschwinglich. Wer sich informiert und etwas umschaut, findet schnell die passende Ausrüstung: funktionelle Kleidung und vor allem gute Laufschuhe. Gutes muß aber nicht teuer sein. Doch an den Schuhen sollte man nicht sparen – denn barfuß läuft man nur sehr selten …

Was man zum Laufen braucht

Damit Laufen dauerhaft Spaß macht, ist es wichtig, gute Laufschuhe sowie entsprechende Sportbekleidung zu tragen. Dabei sind Paßform und Funktionalität beim Kauf die wichtigsten Entscheidungskriterien. Das vielfältige Angebot erlaubt aber auch eine Auswahl nach modischen Gesichtspunkten.
Besonders der Kauf des Laufschuhs erfordert große Sorgfalt. Da fast alle Schuhhersteller ihre Schuhe nach neuesten biomechanischen Kenntnissen entwickeln, gibt es aber mittlerweile kaum noch unfunktionelle Laufschuhe. Zweckmäßige Bekleidung, die dem Wetter angepaßt ist, vervollständigt schließlich das Laufvergnügen.

Der richtige Laufschuh

Durch den aufrechten Gang des Menschen lastet das gesamte Körpergewicht auf unseren Füßen. Durch ihren anatomischen Aufbau – viele durch Muskeln und Bänder zusammengehaltene Knochen und Gelenke bilden eine doppelte Gewölbekonstruktion (Längs- und Quergewölbe) – bieten sie eine gute Federung. Die Dämpfungseigenschaften eines gesunden (trainierten) Fußes kommen allen darüberliegenden Gelenken, besonders der Wirbelsäule, zugute. Um diese Eigenschaften zu erhalten, wäre es im Grunde genommen sinnvoll, barfuß zu laufen. In unseren Breitengraden ist dies jedoch selten möglich. Daher ist ein guter Laufschuh wichtig.

Den idealen Laufschuh gibt es jedoch nicht. Die verschiedenen Fußtypen, die unterschiedlichen Laufstile und die individuellen Bedürfnisse aller Läufer bewirken, daß jeder einzelne seinen Idealschuh suchen und finden muß. Voraussetzung dazu ist natürlich, daß Sie Ihren Fußtyp kennen.

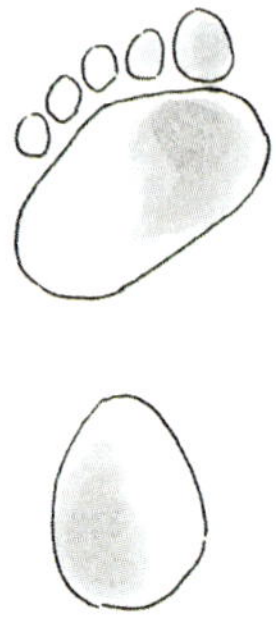

Hohlfuß

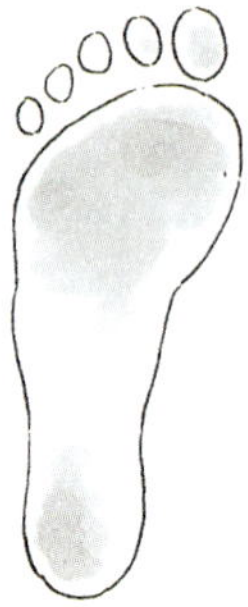

Senkfuß

Durch Überlastung und muskuläre Schwächen können Veränderungen eintreten, die zu unterschiedlichen Fußtypen führen. Gemeint sind damit mehr oder weniger stark ausgeprägte Fußdeformationen. Während beim Hohlfuß das Längsgewölbe des Fußes verstärkt ist, ist es beim Senk- und Plattfuß abgeflacht. Beim Spreizfuß liegt dagegen eine Absenkung des Fußquergewölbes vor.

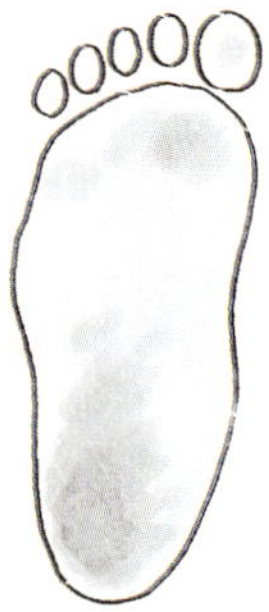

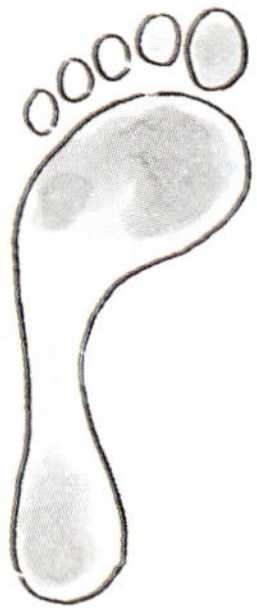

Mit einem einfachen Test können Sie Ihren Fußtyp feststellen. Treten Sie mit angefeuchteten Fußsohlen auf trockene Fliesen und vergleichen Sie ihren Fußabdruck mit den dargestellten Abbildungen.

Normalfuß

Plattfuß

Wichtig ist, daß der Laufschuh von Anfang an paßt, denn ein Einlaufen ist nicht möglich. In einem zu großen Laufschuh besteht die Gefahr, im Schuh hin und her zu rutschen. Der Schuh verliert dadurch seine Stützfunktion. Außerdem besteht die Gefahr, daß sich Blasen oder Hornhaut bilden. Im Gegensatz dazu kann ein zu eng anliegender Schuh zu Druckstellen führen. Damit würde das Laufen schnell zur Qual. Daher immer wieder der Hinweis: Schuhe sorgfältig auswählen.

Um Fußschwächen auszugleichen und die Fußmuskulatur zu trainieren, sollten Sie, neben einer gezielten Fußgymnastik (siehe Seite 89), jede sich bietende Möglichkeit des Barfußlaufens nutzen

Standphase
Senkrechte Belastung
Stützen

Landephase
Fußaufsatz
Dämpfen

Abstoßphase
Fußabdruck
Führen

Pronation des Fußes
Bewegung im unteren Sprunggelenk, bei der der äußere Fußrand nach oben bewegt wird
Supination des Fußes
Bewegung im unteren Sprunggelenk, bei der der innere Fußrand nach oben bewegt wird

Es gibt drei wesentliche Eigenschaften, die ein guter Laufschuh erfüllen muß. Bei der Landephase muß er dämpfen, was bei unterschiedlichem Körpergewicht durch eine unterschiedliche Härte oder Beschaffenheit (Gel- oder Luftkissen) des Sohlenmaterials ausgeglichen werden kann. Während der Standphase muß ein Laufschuh den Fuß ausreichend stützen und ihn in der Abstoßphase so führen, daß er möglichst geradlinig den Boden verläßt.

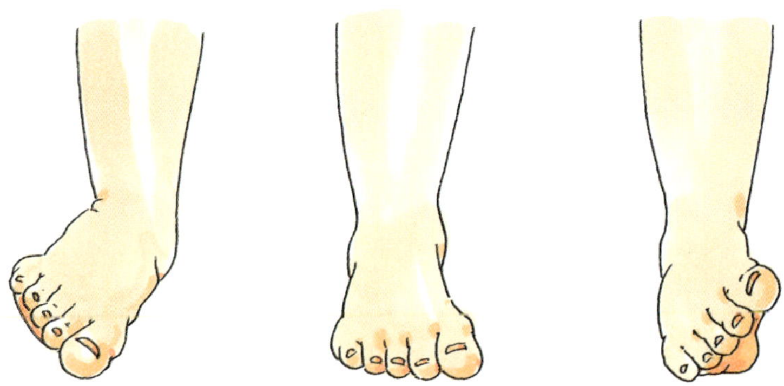

Pronation　　Normale Fußstellung　　Supination

Nach dem Laufen auftretende Gelenk- und Muskelschmerzen können ihre Ursache im Einsatz unzweckmäßiger Laufschuhe haben. Während einige Fußschwächen durch Laufschuhe ausgeglichen werden können, empfiehlt sich bei anderen Fußdeformationen die regelmäßige Benutzung orthopädischer Ganzeinlagen (u. r.)

Checkliste Laufschuhkauf

- *Körpergewicht*
- *Fußtyp/Fußfehlstellung (Normal-, Hohl-, Spreiz- oder Knick-Senkfuß)*
- *Beinform (normal, X- oder O-Beine)*
- *Laufstil (Fersen- oder Ballenläufer)*
- *Etwaige Beschwerden beim Laufen (Ferse, Hüfte, Wirbelsäule, Knie etc.)*
- *Verwendungszweck (Training oder Wettkampf)*
- *Beschaffenheit der am meisten benutzten Laufstrecke (Straße: harter, ebener Untergrund; Naturweg: weicher und/oder unebener Untergrund)*
- *Laufleistung (Kilometer pro Trainingstag/-woche)*
- *Trainingshäufigkeit (Trainingstage pro Woche)*

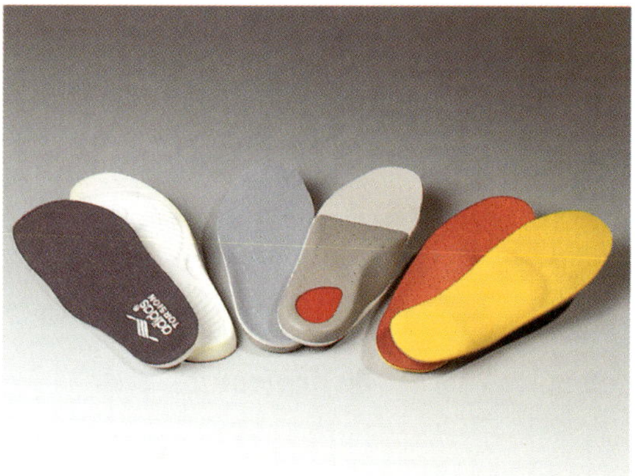

Im unteren Sprunggelenk werden unterschiedlich starke **Supinations-** und **Pronations**bewegungen durchgeführt. Ihnen kann im Bedarfsfall entgegengewirkt werden. Dies sollte beim Abstoß auf der Fußballenaußenseite (übermäßige Supination) durch eine geeignete Unterstützung (Verstärkung der Sohle oder des Schaftes) außen und beim Abstoß auf der Fußballeninnenseite (übermäßige Pronation) innen erfolgen.

Tips für den Laufschuhkauf

- *Nehmen Sie sich genügend Zeit zum Laufschuhkauf*
- *Kaufen Sie Laufschuhe am besten zwischen 15 und 17 Uhr. Das hat den Vorteil, daß Ihre Füße durch die vorherige Alltagsbelastung angeschwollen sind, was ja später auch durch die Belastung beim Laufen geschieht*
- *Bringen Sie zum Schuhkauf Ihre alten Laufschuhe mit: Ein erfahrener Fachverkäufer kann am unterschiedlichen Sohlenabrieb etwaige Fußfehlstellungen und Ihren Laufstil erkennen*
- *Die meisten Menschen haben unterschiedlich lange Füße, maßgebend ist selbstverständlich der größere Fuß*
- *Kaufen Sie Ihre Laufschuhe eine halbe bis eine Schuhnummer (entspricht etwa einer Fingerbreite) größer, denn Ihre Füße brauchen für die natürliche Greif- und Abrollbewegung beim Laufen ausreichend Spielraum*
- *Laufen Sie bei der Anprobe im Fachgeschäft hin und her, besser ist noch ein Test auf dem Laufband*
- *Ziehen Sie bei der Anprobe die Socken an, die Sie üblicherweise beim Laufen tragen*

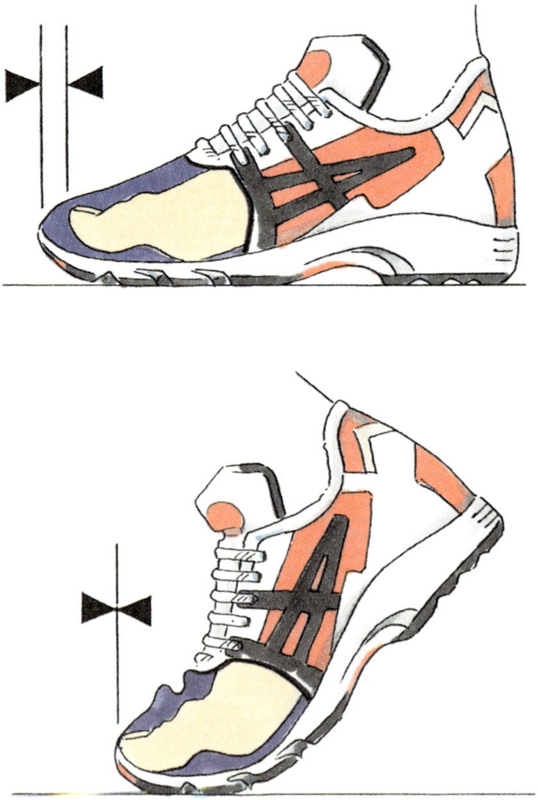

Ein Laufschuh muß ausreichend groß sein, damit er bei der Abrollbewegung genügend Zehenfreiheit bietet

In dem durch jährliche Modellwechsel kaum überschaubaren Angebot gibt es eine Reihe von Laufschuhen, die für verschiedene Verwendungszwecke beziehungsweise Laufgelegenheiten mehr oder weniger gut geeignet sind.

Während im Wald eine rutschfeste, nach unten etwas ausladendere Sohle mit gutem Profil die richtige Wahl ist, ist ein solcher Laufschuh für den, der überwiegend auf der Straße (Asphalt) läuft, unpraktisch. Der Wettkampfläufer wiederum verzichtet häufig sogar, aufgrund des höheren Gewichtes, auf einen Laufschuh mit stärkerer Dämpfung und läuft statt dessen kompromißlos mit leichten Laufschuhen.

Bei Wettkämpfen auf der Rundbahn erzielen Läufer und Läuferinnen mit Spikes (leichte Laufschuhe mit Dornen im Bereich der Vorfußsohle) ein verbessertes Abdrücken vom Boden.

Bei der Vielzahl unterschiedlichster Laufschuhe und Einsatzmöglichkeiten sollten Sie stets daran denken, den Fuß in einer möglichst funktionellen Art und Weise zu belasten und ihn dadurch bestmöglich zu schützen. Daher müssen Sie beim Kauf eines neuen Laufschuhes genau überlegen, welche Eigenschaft des Schuhes (Dämpfen, Stützen, Führen) für Ihre persönlichen Bedürfnisse und Voraussetzungen am wichtigsten ist.

Auch wenn uns für die Gesundheit unserer Füße nichts zu teuer sein sollte, sollte man nicht denken, daß die teuersten Laufschuhe auch immer die besten sind. Und nicht zuletzt: ein Schuh hält nicht ewig. Daher sollten Sie sich *spätestens* dann von Ihrem Lieblingsschuh trennen, wenn er dem Fuß keinen Halt oder keine Dämpfung mehr bietet.

Für jeden, der regelmäßig läuft, sollte ein zweites Paar Schuhe obligatorisch sein. Zum einen ist es eine Abwechslung für die Füße, zum anderen halten Schuhe länger, wenn sie zwischen den Läufen austrocknen und »ausruhen« können.

Laufschuhe mit Spikes sind für Wettkämpfe auf Laufbahnen unerläßlich. Für Spitzenläufer gibt es sogar extrem leichte Maßanfertigungen

Tips und Tricks für kleine Problemstellen

Auch wenn Ihre Wahl auf den richtigen Laufschuh gefallen ist, existieren noch weitere Möglichkeiten, die Paßform zu optimieren. So gibt es, neben den mittlerweile immer häufiger zu findenden Klettverschlüssen, verschiedene Variationen, die Schnürsenkel zu binden. Dies ist besonders dann interessant, wenn kleinere Probleme (z.B. Druckstellen) den Wechsel eines Laufschuhs notwendig erscheinen lassen. Doch nicht selten ist es völlig ausreichend, die Schleifenführung zu verändern, um eine bessere Verbindung von Fuß und Schuh zu erzielen und um etwaige Schmerzen zu vermindern.

Durch eine parallel verlaufende Schnürung wird der hohe Druck auf dem Fußrücken eines Hohlfußes gemindert

Der Bildung von Blasen, auf der Fersenrückseite durch Rutschen im Schuh, kann durch eine Kreuzschnürung am oberen Ende abgeholfen werden

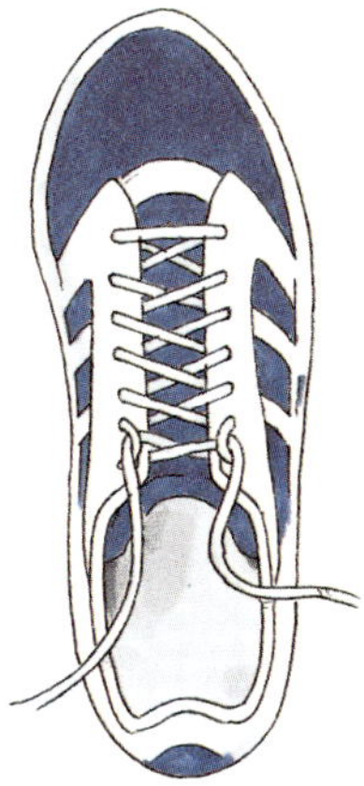

Eine Schnürung durch eng oder weit von einander entfernte Ösen sorgt bei schmalen oder breiten Leisten für einen festen Sitz des Schuhs

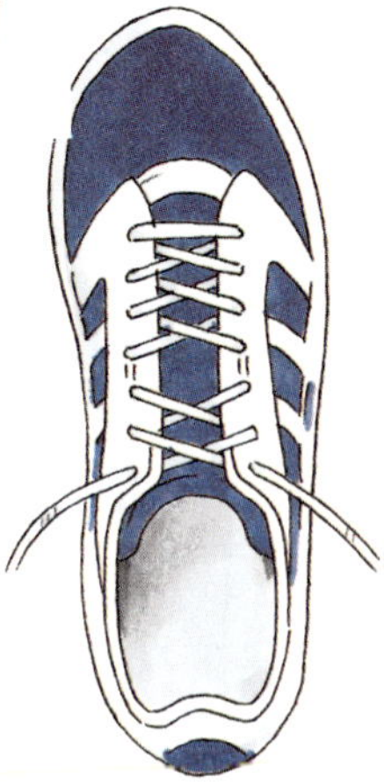

Bei Druckstellen auf dem Fußrücken sollte der entsprechende Bereich beim Schnüren ausgespart werden

Zwei Schnürsenkel pro Schuh helfen bei Fußformen, bei denen ein breiter Vorderfuß und eine schmale Ferse eventuell Schwierigkeiten bereiten

Die passende Laufbekleidung

Wie Sie sich beim Laufen kleiden, hängt im wesentlichen von der Jahreszeit, den Witterungsbedingungen, dem persönlichen Wärmeempfinden und der Intensität des Laufens ab. Wichtig ist, daß Ihre Kleidung gut paßt: Die Kleidungsstücke sollten keinesfalls zu eng anliegen, und es sollte sich auch nicht zuviel Stoff im Bereich der Achselhöhlen oder der Leisten befinden. Beides kann beim Laufen reiben oder drücken, und Sie im ungünstigsten Fall zum Trainingsabbruch zwingen.

In der warmen Jahreszeit greifen Sie zu kurzen Laufhosen, auch Shorts oder Running-Shorts genannt, oder zu Kurz-Tights. Als passende Oberbekleidung können Sie zwischen klassischen T-Shirts aus Baumwolle, Running-Shirts oder Trikots aus atmungsaktiven Mikrofasern und leichten Netzhemden wählen.

Bei feuchtem oder kühlerem Wetter tragen heute viele Läufer sogenannte Long-Tights (enganliegende, lange Hosen aus leichten und elastischen Kunstfasern), weil sie sich angenehm auf der Haut anfühlen und die Bewegung nicht einschränken. Zudem nehmen sie – im Gegensatz zu den sonst gut wärmenden Jogginghosen – keine Feuchtigkeit auf.

Spezielle Regenbekleidung hält zwar die Nässe von außen ab, sie hat aber den Nachteil, daß sie, wenn sie wirklich wasserdicht ist, den Schweiß nicht nach außen transportiert und dadurch die Kleidung unter dem Regenanzug meist »patschnaß« wird. Die beste Alternative bei Regenwetter ist daher Zusatzkleidung aus wasserabweisenden und atmungsaktiven Textilfasern (z.B. Gore-Tex, Supplex, Tactel). Sie ist zwar leider verhältnismäßig teuer, aber die Investition lohnt sich.

Bei niedrigeren Temperaturen fällt die Wahl auf wärmende Kleidung aus winddichtem und atmungsaktivem Material. Bei extrem kalter Witterung sollten Sie als Schutz vor Auskühlung zusätzliche Kleidungsstücke tragen. Von der Kälte besonders betroffen sind Kopf, Hals und Hände. Diese Körperpartien schützen Sie am besten mit einer Mütze (oder einem Stirnband), einem Halstuch und Handschuhen. Zum Schluß noch einige Anmerkungen zu Ihren Laufsocken: Sie müssen optimal passen, sprich: faltenfrei am Fuß sitzen, und möglichst aus einem schweißaufsaugenden Material bestehen. Außerdem sollten sie im Zehenbereich keine Naht haben, die beim Laufen scheuern könnte.

Tips zur richtigen Laufbekleidung

- *Witterungsangepaßte, funktionelle und paßgenaue Laufbekleidung aus atmungsaktiven, strapazierfähigen und pflegeleichten Textilfasern wählen*
- *Bei Kälte Kleidungsstücke nach dem »Zwiebelschalen-Prinzip« anziehen: mehrere dünne Schichten übereinander*
- *Zur Vorbeugung von Erkältungskrankheiten nasse Kleidung nach dem Laufen sofort wechseln*
- *Beim Laufen auf der Straße helle Kleidung (eventuell mit aufgenähten Leuchtstreifen) und eine Leuchtweste tragen, damit man auch bei Dunkelheit von Autofahrern frühzeitig gesehen wird*

Meßgeräte zur Belastungskontrolle

Eine **Stoppuhr** gibt wichtige Informationen über die Laufzeit. Benutzen Sie sie jedoch nur als Richtungsweiser, beispielsweise um die richtige Belastung einzuschätzen (siehe Pulsmeß-Systeme), und nicht mit dem Ziel, unbedingt die bisherige »Bestzeit« zu unterbieten.

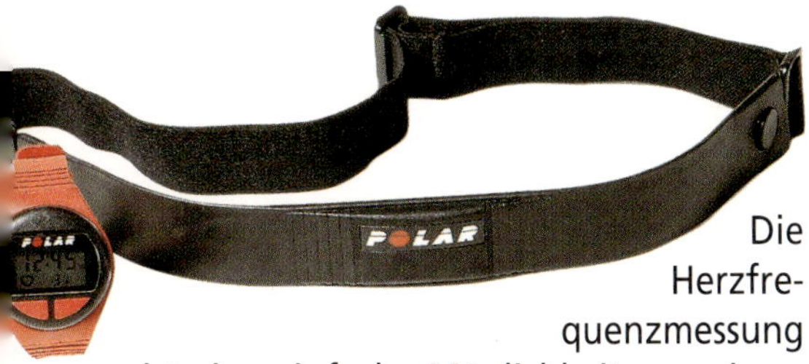

Die Herzfrequenzmessung ist eine einfache Möglichkeit, um einerseits die Belastung festzustellen und andererseits die Trainingsintensität zu dosieren.

Es gibt eine Reihe von guten und preiswerten **Puls-Meßsystemen,** die die Herzaktivität pro Minute mittels Brustgurt oder Klebeelektroden registrieren und an eine Armbanduhr (Empfänger) senden. Bei anspruchsvolleren Systemen können Sie sogar eine Ober- und eine Untergrenze für den gewünschten Belastungspuls einprogrammieren, so daß bei zu hoher und zu niedriger Belastung ein Signal ertönt. Für den, der's ganz genau wissen will, gibt es Computerprogramme, mit denen die Pulsfrequenzen analysiert werden. Doch hier wird's teuer!

Die Pulsfrequenz können Sie auch ohne ein elektronisches Puls-Meßsystem ermitteln. Mit Hilfe eines Sekundenzeigers auf einer Armbanduhr wird für ein bestimmtes Zeitintervall (beispielsweise 10 Sekunden) die Pulsfrequenz an der Halsschlagader oder an der Handgelenkschlagader gezählt. Eine Multiplikation mit dem entsprechenden Faktor (hier mal 6) ergibt dann die Pulsfrequenz pro Minute. Diese Messung wird meistens erst nach Belastungsabbruch durchgeführt. Durch die bereits einsetzende Erholung senkt sich die Pulsfrequenz schon während der Meßzeit. Sie müssen daher auf jeden Fall bei Ihrer Berechnung berücksichtigen, daß die Pulsfrequenz während der Belastung um einige Herzschläge (6 bis 8 Schläge/Minute) höher lag.

Neben der Messung der Herzfrequenz stellt ein **Laktat-Test,** das heißt die Bestimmung des Laktatwertes im Blut, die bedeutendste Kontrollmethode zur Optimierung des Lauftrainings dar. Zur Ermittlung des Laktatwertes entnimmt man aus der Fingerbeere oder dem Ohrläppchen einen Tropfen Blut, gibt ihn auf einen Teststreifen und schiebt diesen dann in ein entsprechendes Analysegerät. Am abgelesenen Wert läßt sich dann feststellen, wie stark aerob oder anaerob der Organismus arbeitet (siehe Seite 16). Für den »Hausgebrauch« stehen inzwischen relativ preiswerte Analysegeräte (z.B. Accusport lactate) zur Verfügung.

Eine Gebrauchsanweisung für das Laufen? Ist das nötig? Laufen kann doch jeder! Stimmt – für Kinder und Jugendliche. Doch mancher Erwachsene hat das Laufen regelrecht verlernt. Er kennt sie nicht mehr, »die Fortbewegungsart, bei der im Gegensatz zum Gehen nie beide Füße gleichzeitig den Boden berühren.«

Wie man richtig läuft

Obwohl Laufen vom Bewegungsablauf her gesehen ein koordinativ anspruchsvolles Zusammenspiel von Armen und Beinen erfordert, wird es von kleinen Kindern bereits in den ersten Lebensjahren spielend »erlernt«. Dabei entwickelt jeder mit der Zeit seinen eigenen Laufstil.

Über die günstigste Körperhaltung sowie die korrekte Arm- und Beinbewegung beim Laufen sind sich Sportwissenschafter mittlerweile einig, nur über die funktionellste Abrollbewegung des Fußes (Laufstil) gibt es noch keine allgemeingültige Lehrmeinung.

Die Laufbewegung

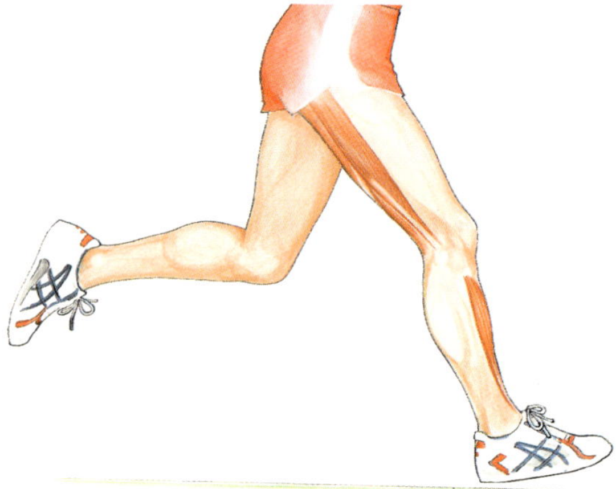

Beim Gehen und Laufen schwingen Arme und Beine im Wechsel diagonal nach vorne: Automatisch wird bei einem Schritt mit dem rechten Bein der linke Arm vorgenommen und umgekehrt.
Ein Bewegungszyklus besteht aus zwei Schritten. Dabei wird die Bewegungsabfolge eines Beines (Schrittes) in jeweils fünf Phasen unterteilt: in eine vordere, mittlere und eine hintere *Stützphase* (Bodenkontakt) und in eine vordere und hintere *Schwungphase* (kein Bodenkontakt).
Die Hauptaktivität beim Laufen erfolgt durch die dynamische Anspannung der Bein- und Beckenmuskulatur. Sie wird in einem zeitlich fein aufeinander abgestimmten Wechsel be- und entlastet.

Betrachtet man die Muskelaktivität isoliert für das rechte Bein, so ist vor und zu Beginn des Bodenkontaktes die Muskulatur der Oberschenkelrückseite und der Schienbeinvorderseite stärker aktiv…

	Bodenkontakt rechtes Bein		
rechtes Bein	**vordere Stützphase**	**mittlere Stützphase**	**hintere Stützphase**
linkes Bein	**hintere Schwungphase**	**vordere Schwungph…**	

Dagegen überwiegt die Muskelaktivität der Oberschenkelvorderseite, des Gesäßes und der Wade ab der Mitte des Bodenkontaktes bis zum Fußabdruck …

Daran anschließend folgt eine Phase der Ruhe, während der die Muskeln des linken Beines zeitversetzt aktiv werden

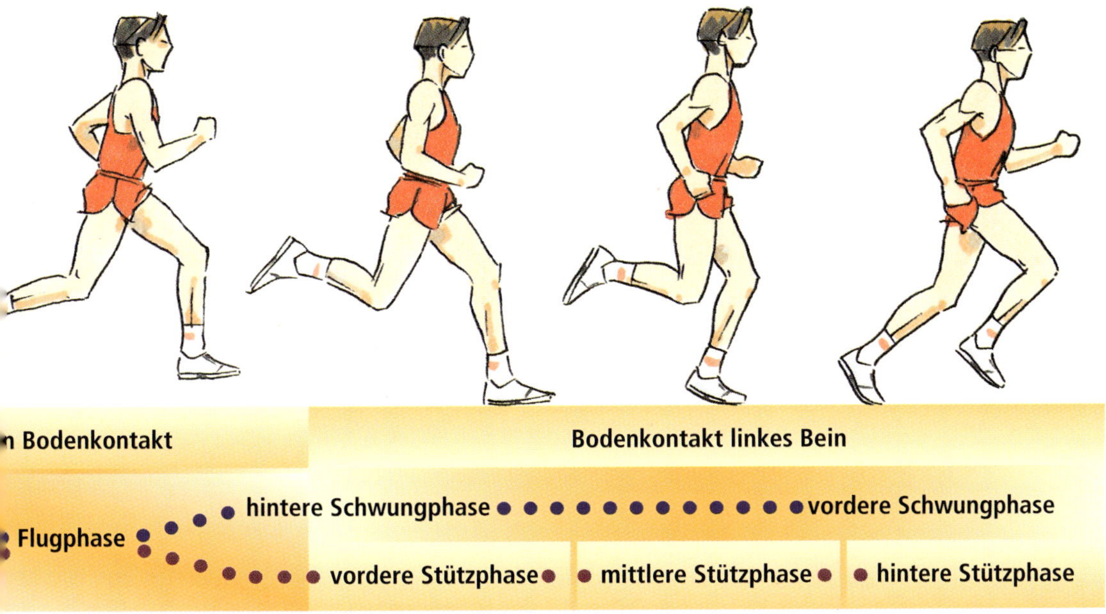

Nicht nur die Beine, sondern auch die Arme, die Schultern und die Muskeln des Rumpfes arbeiten während des Laufens. So stabilisiert beispielsweise das gleichzeitige Vorschwingen des rechten Armes und des linken Beines den Körper und verhindert dadurch Drehbewegungen des Rumpfes. Daher sollten Sie diese Muskelgruppen in Ihr Fitneß- und Krafttraining unbedingt mit einbeziehen, damit die Muskulatur Ihres gesamten Körpers in einem harmonischen Gleichgewicht ist.

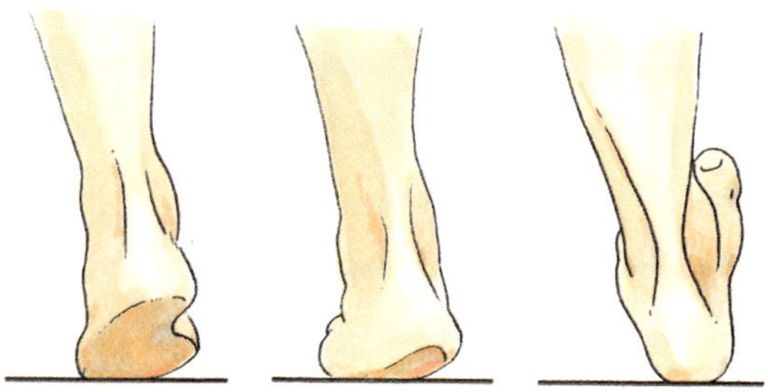

Vorfußlauf – Mittelfußlauf – Fersenlauf

Der richtige Laufstil

So häufig die Frage nach dem besten Laufstil gestellt wird, so schwierig ist sie zu beantworten. Die wohl bekanntesten und am weitesten verbreiteten Laufstilvariationen sind der Vorfuß-, der Mittelfuß- und der Fersenlauf. Man kann aber weder den einen noch den anderen Laufstil als Idealtyp bezeichnen, denn jeder hat seine Vor- und Nachteile, die sich bei jedem Läufer unterschiedlich stark ausprägen können. Während der Mittelfuß- und Fersenlauf häufig bei Langstreckenläufern zu sehen sind, benutzen Sprinter in der Regel den Vorfußlauf.

Gegenüberstellung der Beanspruchungen des Beines bei verschiedenen Laufstilen

Laufphasen	**Laufstile** Vorfußlauf	Mittelfußlauf	Fersenlauf
Landephase	1. Bodenkontakt mit dem Kleinzehengrundgelenk	1. Bodenkontakt mit dem äußeren Fußrand des stark supinierten Fußes	1. Bodenkontakt mit der Fersenaußenseite
Standphase	Absenken der Ferse mit gleichzeitiger Pronation	Absenken der Ferse mit gleichzeitiger Pronation	Absenken des Fußes mit gleichzeitiger Torsion und Pronation
Abstoßphase	Belastung der Achillessehne, Wadenmuskulatur, Zehenbeuger, Torsion	Belastung der Achillessehne, Wadenmuskulatur, Zehenbeuger, Torsion	Sprunghafter Belastungsanstieg der Achillessehne und Zehenbeuger, Torsion
Belastung	äußerer Vorfußrand, Achillessehne, Wadenmuskulatur	äußerer Fußrand, Achillessehne, Wadenmuskulatur	Ferse, Sprunggelenk, Kniegelenk und Wirbelsäule
Empfehlung	Laufstilwechsel bei Schmerzen an der Achillessehne oder Wade	Laufstilwechsel nicht erforderlich, die Belastung wird relativ gut abgefangen	Laufstilwechsel bei Überpronation und Schmerzen an Ferse, Sprunggelenk, Kniegelenk, Wirbelsäule

Wer keinerlei Beschwerden hat, muß seinen Laufstil nicht unbedingt verändern. Die einzige Ausnahme stellt eine zu starke Pronation beim Fersenlauf dar, da sie Fehlstellungen der Füße begünstigt (siehe Seite 34).
Bewährt hat sich ein Wechsel zwischen den verschiedenen Laufstilen, da so die Belastung besser auf verschiedene Strukturen des Bewegungsapparates verteilt wird.
Die Atmung ist ein natürlicher und automatisch ablaufender Vorgang. Der Atemrhythmus sollte nicht bewußt verändert werden, da dies zu Verkrampfungen und Atemnot führen kann. Atmen Sie daher unbewußt und ungezwungen. Versuchen Sie bei ruhigem Tempo durch die Nase ein- und durch den Mund auszuatmen. Wenn Sie sich beim Laufen noch mit Ihrem Laufpartner unterhalten könn(t)en, haben Sie das richtige Tempo gewählt.
Der Laufstil eines älteren Gesundheitsjoggers sieht anders aus als der eines jüngeren, durchtrainierten Wettkampfläufers. Das Ziel sollte jedoch immer sein, möglichst ökonomisch zu laufen. Das bedeutet, mit möglichst geringem Aufwand die gewünschte Laufgeschwindigkeit zu erzielen. Ideal ist es, wenn der Körperschwerpunkt sich während des Laufens kaum auf- und abbewegt. So werden hohe Belastungen auf den Bewegungsapparat reduziert und Energie eingespart.

Die Schrittlänge wird von Laufdistanz und -stil sowie von den körperlichen Voraussetzungen des einzelnen bestimmt

Bei einer Torsion handelt es sich um eine Drehung um die Fußlängsachse im Mittelfußbereich. Vorfuß und Rückfuß können sich dabei, im Rahmen der Bewegungsmöglichkeiten des Mittelfußes, unabhängig voneinander bewegen.

Zur Verbesserung der Lauftechnik gibt es eine Reihe bewährter Koordinationsübungen. Dazu zählen Fußgelenksarbeit, Skippings, Sprung- und Hopserläufe sowie lockere Steigerungsläufe.

Bei der Fußgelenksarbeit wird die Abrollbewegung des Fußes trainiert. Hierzu wird abwechselnd der Fuß von der Fußspitze beginnend bis zur Ferse und wieder zurück abgerollt. Beginnen sollten Sie diese Übung auf der Stelle. Wenn dabei keine koordinativen Probleme mehr auftreten und Sie die Bewegung rechts und links flüssig durchführen können, bewegen Sie sich dabei ganz langsam vorwärts

Skippings ähneln der Fußgelenksarbeit. Während diese jedoch flach über dem Boden ausgeführt wird, werden bei Skippings die Knie etwas höher genommen. Ein Anheben der Knie bis zur Waagerechten wird als Kniehebelauf bezeichnet

Der Hopserlauf dient der Lockerung der Muskulatur sowie der Koordinierung von Arm- und Beineinsatz. Bei intensiverem Krafteinsatz wird er auch zur Verbesserung des Kniehubs und zur Intensivierung des Fußabdrucks eingesetzt

Beim Sprunglauf wird der Kniehub deutlich betont, während der Fußabdruck kräftig nach vorne gerichtet ist. Vermeiden Sie es, den Fuß zuerst mit der Ferse aufzusetzen

Bei einem locker durchgeführten Steigerungslauf wird die Geschwindigkeit vom Dauerlauf bis zum schnelleren Tempo über eine Strecke von 50 bis 80 Metern fließend gesteigert. Er kann verhindern, daß Sie beim Laufen in einen festgefahrenen Trott fallen

Korrektur typischer Fehler

Mit einer guten Technik laufen Sie ökonomischer. Doch die Erfahrung zeigt, daß immer wieder typische Fehler bei Körperhaltung und Arm- und Beinbewegung auftreten. Die meisten Fehler lassen sich aber leicht analysieren und mit gutem Erfolg korrigieren.

Bei zu kleinen Schritten wird die Laufbewegung unökonomisch, da der Raumgewinn im Vergleich zum Krafteinsatz zu gering ist. Ein kräftiger Armeinsatz hilft, die Schrittlänge zu vergrößern

Generell sollten Laufschritte nicht zu groß sein und flüssig aufeinander folgen. Wichtig ist, daß die Füße nicht schräg nach außen, sondern parallel zur Laufrichtung aufgesetzt werden

Wenn der Oberkörper zu weit vor- oder zurückgeneigt ist, ist der Kraftaufwand im Vergleich zum Raumgewinn eines Schrittes unverhältnismäßig groß. Versuchen Sie eine nur leichte Körpervorlage einzunehmen

Hochgezogene Schultern beim Laufen führen zu Verspannungen. Lockern Sie Ihre Schultern durch kleine Kreisbewegungen. Der Oberkörper soll beim Laufen entspannt und ein wenig nach vorne geneigt sein, der Kopf aufrecht und der Blick vorausschauend auf Weg und Bodenverhältnisse gerichtet

Ein häufiger Fehler bei der Armhaltung: die Arme werden nicht parallel sondern quer zur Laufrichtung oder zu niedrig geführt. Dadurch kommt es zu Rotationsbewegungen im Oberkörper. Statt dessen sollen die Arme – im Ellenbogengelenk etwa 90 Grad angewinkelt – mit leicht geöffneter Hand im Rhythmus der Bewegung locker mitschwingen.
Zur Kontrolle können Sie kleine Äste in die Hand nehmen. Bei aufrechter Kopfhaltung, korrektem Armschwung und nach vorne gerichtetem Blick müssen die Äste abwechselnd senkrecht in Ihrem Gesichtsfeld erscheinen

Nicht sofort Marathon – diese magische Distanz. Nicht gleich Wettlauf, bis man nicht mehr kann. Erst einmal sehen, wo man steht. Und dann allmählich in Form kommen. Dann ist Laufen Genuß. Und die Teilnahme an einem Laufwettbewerb wird zum Vergnügen

Trainingsplanung und -programme

Der Einstieg in ein Trainingsprogramm ist nicht ganz einfach. In vielen Laufbüchern und -zeitschriften finden sich ausgeklügelte Trainingspläne für die unterschiedlichsten Zielsetzungen. Doch bevor man eines dieser Programme ausprobiert, sollte man sich zunächst vergewissern, ob es auch zum derzeitigen eigenen Leistungsstand paßt. Denn wer lediglich nach dem Prinzip von Versuch und Irrtum trainiert, belastet sich häufig falsch und verliert so schnell wieder die Lust am Laufen.
Daher unsere Empfehlung: Nach dem Gesundheits-Check mit Hilfe des Ausdauer-Checks prüfen, welches Leistungsniveau man hat. Danach das »passende« Programm wählen – und dann erst loslaufen.

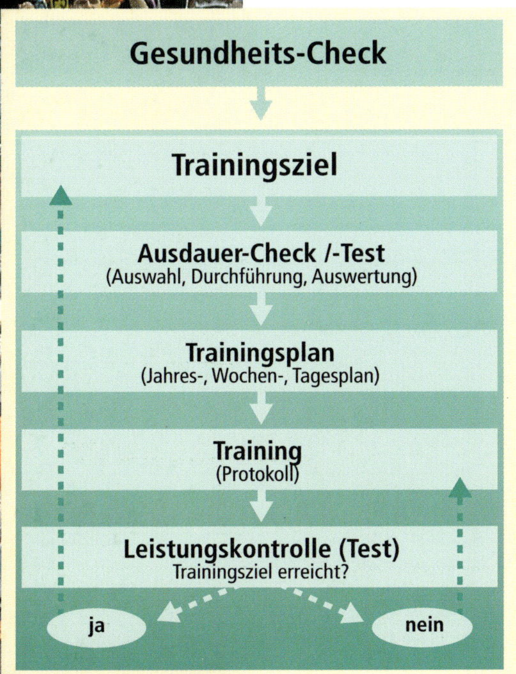

Ausdauer-Check und Wahl des richtigen Trainingsprogrammes

Dauer-Test (für jedermann)

Ein erster einfacher Test für die Einschätzung Ihrer Ausdauerleistung ist der Dauer-Test. Dazu stellen Sie anhand der folgenden Tabelle fest, wie lange Sie ohne Unterbrechung in einem ruhigen, gleichmäßigen Tempo laufen können. Das Ergebnis wird mit einer von fünf Leistungsstufen bewertet. Sie sehen, daß es nicht auf das Lauftempo (Intensität) oder die Strecke, sondern auf die Laufzeit (Belastungsdauer) ankommt.

CONCONI-Test (für Trainierte und Leistungssportler)

Eine exaktere Einschätzung der Ausdauerleistung ermöglicht ein Test nach den Vorschlägen des italienischen Physiologen CONCONI (1982). Sein Verfahren basiert darauf, daß bei gleichmäßiger Steigerung des Lauftempos die Herzfrequenz (HF) ab etwa 110/120 Schläge/Minute ebenfalls geradlinig ansteigt. An einem bestimmten Punkt, der individuell unter-

Bewertung der Ergebnisse beim Ausdauer-Check

1. Dauer-Test Laufzeit	**2. CONCONI-Test** Tempo am Knickpunkt vd*	**Bewertung des Ergebnisses**	**Empfohlenes Trainingsprogramm**	**Information zum Programm**
< 3 Min	–	Untrainierter	Gewöhnung	Seite 66/68
3–12 Min.	–	Einsteiger	Aufbau	Seite 66/68
12–30 Min.	< 8 km/h	Hobbyläufer	Durchschnitt	Seite 66/68
30–45 Min.	8–10 km/h	Fortgeschrittener	Fitneß	Seite 66/68
> 45 Min.	10–12 km/h	Fitneßsportler	Fitneß	Seite 68/73
	12–15 km/h	Trainierter Freizeitsportler	Fitneß/Leistung	Seite 73
	15–17 km/h	Leistungssportler	Leistung Wettbewerb	Seite 73/76
	> 17 km/h	Hochleistungssportler	Hochleistung Wettbewerb	

*Für Frauen jeweils –1 bis 1,5 km/h

Lauftabelle und Protokollbogen für den CONCONI-Test

Distanz	Zeit (sec/200 m)		Herzfrequenz (S/min)		Tempo* (km/h)
	Soll	Ist	Beispiel	Ist	
200 m	76		127		9,5
400 m	72		133		10,0
600 m	69		138		10,4
800 m	66		145		10,9
1000 m	63		151		11,4
1200 m (200)	60		156		12,0
1400 m (400)	58		159		12,4
1600 m (600)	56		164		12,9
1800 m (800)	54		168		13,3
	»Abknickpunkt«		pd		vd
2000 m (1000)	52		169		13,8
2200 m (1200)	50		171		14,4
2400 m (1400)	48,5		172		14,8
2600 m (1600)	47		174		15,3
3000 m (1800)	45,5		176		15,8
3200 m (2000)	44,5				16,2
3400 m (2200)	43				16,7
	42		–		17,2
	40,5		–		17,7
usw.	39,5		–		18,2

* Berechnung: 720 : Zeit (sec) auf 200 Meter

schiedlich zwischen 160 und 190 Herzschläge/Minute liegt, steigen die HF-Werte weniger stark an als das Lauftempo – die Herzfrequenz »knickt ab«. Dieser »Abknickpunkt« (englisch »deflection point«, pd = Pulse deflection) wird in Beziehung zur Laufgeschwindigkeit (vd= velocity deflection) gesetzt. Damit läßt sich zum einen die Ausdauerleistung einschätzen, zum anderen eine Empfehlung zum Training geben (siehe Tabelle).

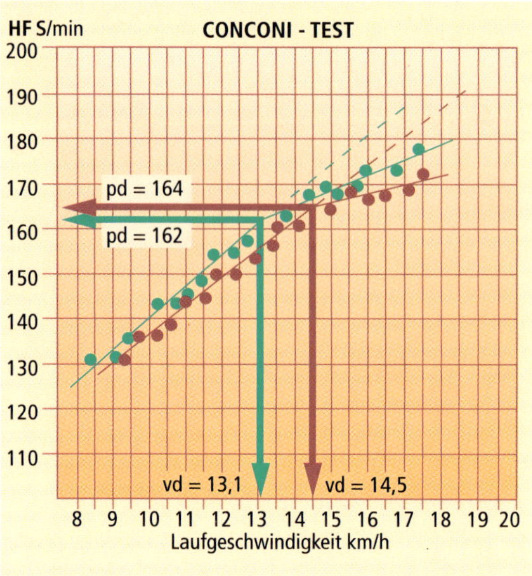

Die Wertepaare zu Lauftempo und Herzfrequenz werden auf Millimeterpapier übertragen. Eine Gerade wird in den linearen Teil der Herzfrequenzen gelegt (ab etwa 120 Herzschläge/ Minute). Am Abknickpunkt wird die zugehörige Geschwindigkeit (vd) und Herzfrequenz (pd) abgelesen

Korrekte Durchführung des CONCONI-Tests

- *Voraussetzung: regelmäßige Lauferfahrung (»Tempogefühl«); Ergebnis im Dauertest: »Durchschnitt« oder besser*
- *Vor dem Test 10 bis 15 Minuten ruhig aufwärmen, maximale Herzfrequenz dabei um 130 Schläge/Minute*
- *Beim Test exakte Ableitung der Herzfrequenz alle 5 Sekunden mit einem Pulsmeßsystem mit Speicherfunktion*
- *Testdurchführung auf 400-m-Rundbahn mit Markierungen alle 50 m (eventuell auch andere eindeutig markierte Laufstrecken)*
- *Anfangstempo je nach Leistungsfähigkeit wählen: bei maximaler 5-km-Laufzeit über 20 Minuten mit 76 sec/200 m; unter 20 Minuten mit 60 sec/200 m beginnen*
- *Erhöhung des Lauftempos bis zur Erschöpfung um jeweils 0,5 km/h alle 200 m (siehe »Lauf-(Marsch-)tabelle«), etwa –3 bis –1 sec/200 m).*
  Prinzip: gleiche Arbeit auf allen Belastungsstufen
- *Für die Auswertung sollten 12 bis 16 der 200-m-Laufzeiten und Herzfrequenzen zur Verfügung stehen*

Der Biorhythmus

Im Laufe des Tages unterliegt unsere Leistungsbereitschaft rhythmischen Schwankungen. Diese Tagesperiodik bewirkt ein physiologisches Hoch in den frühen Morgenstunden (8 bis 10 Uhr). Nach einem Abfall der Leistungsfähigkeit um die Mittagszeit folgt eine zweite Leistungsphase (16 bis 19 Uhr), bevor der Tagestiefpunkt in der Nacht erreicht wird. Diesen sensiblen Rhythmus unseres Körpers bringen wir durch Reisen mit größeren Zeitverschiebungen (beispielsweise von Europa in die Vereinigten Staaten) durcheinander. Unter solchen Bedingungen braucht der Körper einige Tage Zeit, um seinen Biorhythmus anzupassen. Der Biorhythmus wird besonders vom Wechsel zwischen Tag (hell) und Nacht (dunkel) beeinflußt.

Es ist sinnvoll, die Trainingsstunden in die Phasen zu legen, in denen der Körper auf größere Leistungsreserven zurückgreifen kann

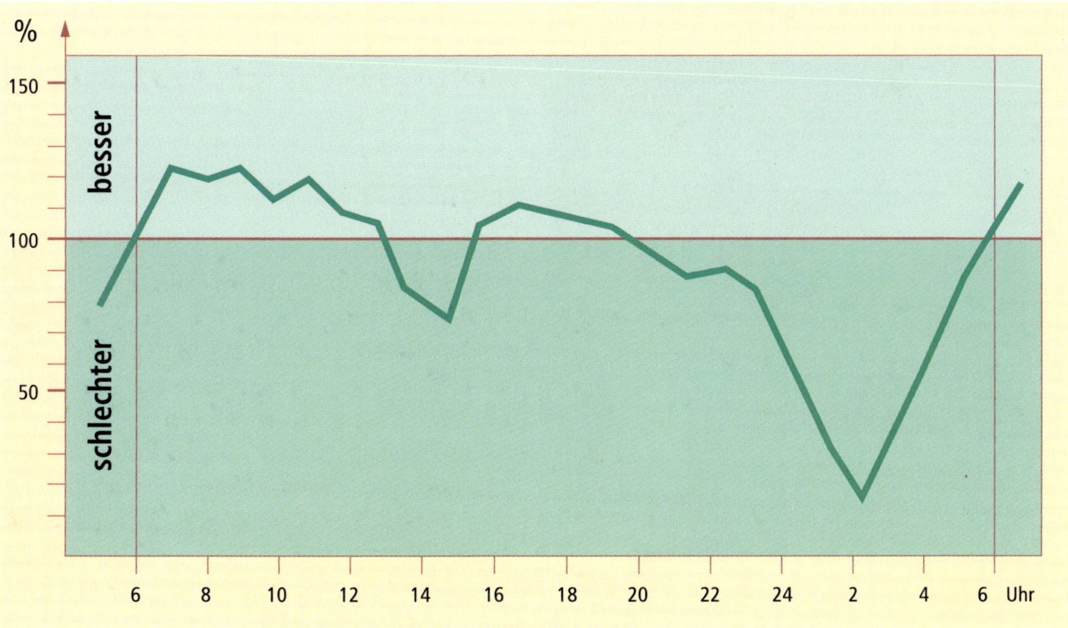

Die Trainingseinheit

Eine Trainingseinheit (TE) sollte nicht nur aus Laufen bestehen. Begleitende Trainingsmaßnahmen wie Einlaufen, Gymnastik, koordinative Übungen oder auch lockeres Stretchen als Ausklang runden ein Training erst richtig ab. Neben der Vorbereitung des Körpers auf die bevorstehende Laufbelastung dienen Einlaufen und Gymnastik vor allem der Vorbeugung von Verletzungen.
Ganz wichtig: gemütlich anfangen, damit der Organismus langsam in Schwung kommt.
Zur Optimierung Ihrer Lauftechnik sollten Sie bei jedem Training zwei bis drei verschiedene Koordinationsübungen einbauen (siehe Seite 48). Sie sind eine Abwechslung zur Laufbelastung und lockern zugleich die Muskeln. Den Hauptteil Ihrer Trainingseinheit bildet dann das Laufen. Art, Dauer und Intensität richten sich nach Ihrem augenblicklichen Leistungsstand und dem entsprechenden Trainingsprogramm.

Phase	Inhalt	Dauer
1	Aufwärmen (Warm up), Einlaufen	5–10 min
2	Gymnastik	5–10 min
3	Koordinationsübungen	5–10 min
4	**Laufen**	je nach Programm
5	Abwärmen (Cool down), Stretching	5–10 min
nach TE	Regeneration (Entspannung, Sauna, Massage usw.)	beliebig

Aktive Pause

Ist eine kleine Pause fällig, sollten Sie nicht einfach stehen bleiben, sondern sich während der Pause aktiv bewegen. Auf diese Weise vermeiden Sie ein plötzliches Absacken Ihres Blutes in die Beine, was zu Kreislaufbeschwerden führen kann, und verhindern bei kälterem Wetter ein Auskühlen Ihres Körpers. Zudem fällt es nach einer Aktivpause leichter, das Training fortzusetzen. Gehen Sie daher langsam weiter, lockern Sie Ihre Arme und Beine, oder dehnen Sie die beim Laufen hauptsächlich beanspruchte Muskulatur.

Stretching als Ausklang

Am Ende einer Trainingseinheit sollten Sie Ihren Muskeln Zeit und Gelegenheit geben, sich von der Laufbelastung zu erholen und zu entspannen. Hierzu bieten sich vor allen Dingen Dehnübungen an (siehe auch Seite 91).
Es gibt verschiedene Techniken des Dehnens, die sich in der Geschwindigkeit und Art der Übungsausführung sowie der Dehnungsdauer unterscheiden. Während man vor dem Laufen auch dynamische Dehnübungen mit behutsamem, leichtem Federn durchführen kann, empfiehlt sich für die Regeneration darüber hinaus das Stretching. Dabei werden die Muskeln langsam und kontrolliert gedehnt.

Dehnung der Adduktorenmuskulatur (Beinanzieher): Seitlicher Ausfallschritt, Oberkörper aufrecht. Den Oberkörper zum gestreckten Bein neigen

Dehnung der Wadenmuskulatur: Schrittstellung, die Hände abgestützt, das Gewicht liegt über dem vorderen Fuß. Die Hüfte nach vorne schieben, dabei bleibt die Ferse des hinteren Fußes auf dem Boden. Zur Verstärkung der Dehnung kann das hintere Bein auch leicht gebeugt werden

Dehnungstechniken	Merkmale Ausführung	Vorteil	Nachteil
dynamisches Dehnen	im Dehnzustand aktives, leichtes Federn	praxisnah, funktionell, Einbeziehung ganzer Muskelketten, Schulung der Bewegungskoordination	Verletzungsgefahr, geringere Verbesserung der Beweglichkeit
statisches Dehnen/ Stretching	langsames kontrolliertes Dehnen aktiv oder passiv 15–30 Sekunden	geringere Verletzungsgefahr, schnellere Beweglichkeitszunahme	kein komplexes, sondern isoliertes Dehnen
postisometrisches Dehnen (Anspannungs-Entspannungs-Dehnen)	8–10 Sekunden Kontraktion, ca. 1 Sekunde Entspannen, langsames und kontrolliertes Dehnen 10–20 Sekunden	geeignet als Regeneration, gute Beweglichkeitsverbesserung, setzt die Reflexkontrolle herab	zeitaufwendiger, geeignet für komplettes Gymnastikprogramm

Dehnung der vorderen Oberschenkelmuskulatur: Stand. Abwechselnd den rechten und linken Fußrist greifen und die Ferse zum Gesäß ziehen. Wichtig: Das Becken muß aufgerichtet, das Standbein völlig gestreckt sein, und die Oberschenkel müssen parallel gehalten werden

Dehnung der hinteren Oberschenkelmuskulatur: Einbeiniger Kniestand, ein Bein lang nach vorn gestreckt, Fußspitze angezogen, Oberkörper aufrecht. Den aufrechten Oberkörper nach vorne in Richtung gestrecktes Bein schieben. Hinweis: Übung auch im Stand an einer Parkbank möglich

Die richtige Trainingsbelastung

Wer zielgerichtet und erfolgreich trainieren möchte, sollte seine Trainingsbelastungen nach den Grundregeln der Trainingslehre und -wissenschaft zusammenstellen.
Um die jeweilige Trainingsbelastung im Ausdauertraining näher beschreiben zu können, verwendet man die sogenannten Belastungsgrößen, auch Belastungsnormative oder -faktoren genannt. Durch die Kombination dieser Belastungsgrößen oder -normative lassen sich Trainingsmethoden exakt charakterisieren (Dauer-, Intervallmethoden).
Die Trainingsmethoden wiederum »passen« zu vier Trainingsbereichen. In diesen Trainingsbereichen (siehe Seite 64ff.) werden jeweils bestimmte Trainingsziele vorrangig erreicht.

Abgestimmt auf die jeweiligen Voraussetzungen (Ausdauer-Check) des Trainierenden kann man festlegen, welcher Trainingsbereich – und damit auch welche Trainingsmethode – im Vordergrund stehen sollte.

Trainingsmethoden im Ausdauertraining

In den vier Belastungsbereichen des Ausdauertrainings werden bestimmte Trainingsmethoden bevorzugt eingesetzt. Die Trainingsmethoden lassen sich nach Dauer-, Intervall- und Wiederholungsprinzip weiter unterscheiden. Hinzu kommt noch die Wettkampfimitation. **Dauermethoden** zeichnen sich dadurch aus,

Belastungsgröße	Merkmal/Dimension beim Ausdauertraining
Reizintensität/Reizstärke	Bewegungstempo (m/sec; km/h), % des Abknicktempos (vd) nach CONCONI-Test, % des Wettkampftempos, Anstrengungsempfinden (z.B. BORG-Skala)
	Höhe der Herzfrequenz (Schläge/min); Atemfrequenz (Züge/min); Laktat-Wert (aerob/anaerob)
Reizdauer	Zeit (Minuten, Stunden); Strecke (m, km)
Reizumfang (bei Dauermethode = Reizdauer)	Reizdauer (Strecke; Zeit) x Anzahl der Wiederholungen und/oder Serien
Reizdichte	Verhältnis von Pause zu Belastung, Pausendauer zwischen Teilstrecken
Reizhäufigkeit	Trainingseinheiten pro Woche
Ausführung	Schrittfrequenz und -länge
führt zu Beanspruchung	Herzfrequenz (Schläge/min); Atemfrequenz (Züge/min.; Schritte/Zug) Milchsäure (mmol/l), Harnsäure, Hormonsystem usw.

Belastungsgrößen/-normative und deren Dimension im Ausdauertraining

Nicht immer nur schnell laufen: regenerative Läufe (REKOM) sollten im Verhältnis von 1:3 zu den belastenderen Läufen durchgeführt werden. Auch am Ende jeder Trainingseinheit heißt es: ruhig auslaufen

daß über längere Zeit mit kontinuierlichem oder mit wechselndem Lauftempo trainiert wird. *Kontinuierliche Methoden* werden nach der Belastungsintensität in extensivere (Dauerlauf 1 und 2, DL1 und DL2) und intensivere (DL3) unterschieden. Bei der *variablen Methode* unterscheidet man geplante (Wechselmethode) und ungeplante, zufällige Wechsel des Lauftempos (Fahrtspielmethode, aus dem schwedischen Fartlek = Spiel mit dem Tempo).

Empfehlungen zum richtigen Lauftempo erfolgen meistens über die Beanspruchung des Organismus, also über die Herzfrequenz (Prozent vom Maximum) oder den Atem-Schritt-Rhythmus. Mehr dazu finden Sie in den Tabellen und Grafiken bei den jeweiligen Trainingsprogrammen.

Intervallmethoden eignen sich eher für Leistungsorientierte. Diese Methoden sind durch den systematischen Wechsel von höherer Belastung und aktiver Trab- oder Gehpause gekennzeichnet. Sie dauert so lange, bis die Herzfrequenz wieder unter 120 Schläge/Minute (bei Frauen und Jugendlichen 130 Schläge/Minute) abgefallen ist. Meistens vergehen dazwischen 1 und 3 Minuten, maximal bis zu 5 Minuten. Die Belastungsintensität wird weniger über die Herzfrequenz als über das prozentuale Wettkampftempo gesteuert (siehe Tabelle Seite 69).

Bei der **Wiederholungsmethode** wird mit höchster Intensität, nahe dem Wettkampftempo, trainiert. Es werden mehrere kürzere Strecken gelaufen, zwischen denen eine fast vollständige Erholung eintreten soll (Herzfrequenz unter 100 Schläge/Minute).

Mit der **Wettkampfmethode** schließlich wird die angestrebte Wettkampfbelastung »simuliert«. Man läuft mit höherem Tempo, wenn die gewählte Strecke kürzer als die Wettkampfstrecke ist (under-distance), mit etwas geringerem Tempo bei längeren Strecken (over-distance).

Alle Trainingsmethoden und ihre Varianten werden mit Hilfe der Belastungsnormative exakt charakterisiert (siehe Seite 64 ff.).

Trainingsbereich	20–29 Jahre	30–39 Jahre	40–49 Jahre	50–59 Jahre	ab 60 Jahre	% HFmax (220–Alter)
Minimum	117	113	108	102	96	60
REKOM	137	132	126	119	112	70
GA1: DL1	146	141	135	128	120	75
GA1: DL2	156	150	144	136	128	80
GA2	176	169	162	153	144	90
WSA	189	182	175	165	155	97
Maximum	195	188	180	170	160	100

Obergrenzen für empfohlene Pulswerte (Schläge/Minute) in den verschiedenen Trainingsbereichen des Lauftrainings

(Korrekturen: Frauen: jeweils +6 bis 8 Schläge/min; Alter < 20: +6 bis 8 Schläge/min > 20 bis 29 Jahre; Läufe über 45 Minuten: –5 Schläge/min; Leistungssportler in GA1: unter Obergrenze bleiben)

Das richtige Lauftempo

Erfahrungsgemäß kann man exakt nur über die **Milchsäure-Konzentration (Laktat-Wert)** feststellen, ob die Belastungsintensität eher aerob oder anaerob ist. Die Normalwerte liegen zwischen 0,5 und 1,5 mmol/l Blut, anaerobe Belastungen dominieren ab 4 mmol/l Blut. Mehr zum Verfahren können Sie auf Seite 41 nachlesen.

Bei einer Trainingsbelastung treten aber auch andere körperliche Belastungsreaktionen auf. Daher kann man aufgrund von Erfahrungswerten annähernd exakt auch über die **Herzschlagzahl (Pulsfrequenz)** einschätzen, ob das Lauftempo richtig gewählt wurde. Angaben zur jeweils passenden prozentualen Intensität sind in den Tabellen der Trainingsbereiche zu finden. Entsprechende altersabhängige Zahlenangaben finden Sie in der Tabelle auf dieser Seite. Zur exakten Bestimmung der Pulszahl sollte man möglichst ein Pulsmeßgerät einsetzen (siehe Seite 41).

Auch über die **Atmung (Atemzüge bei bestimmter Schrittzahl)** läßt sich das Lauftempo steuern. Entsprechende Werte finden Sie in den Tabellen zu den Trainingsbereichen. Als Faustregel gilt: Wenn Sie 3 bis 4 Laufschritte lang einatmen und etwa ebenso lange ausatmen können (3:3, 4:4), dann liegen Sie für die meisten Trainingsläufe richtig.

Die einfachste Regel: Unterhalten Sie sich mit Ihrem Laufpartner. Geht das ohne Probleme und flüssig, so ist Ihr Tempo richtig gewählt. Können Sie sich nur noch mit leichtem Stocken unterhalten, dann drosseln Sie Ihr Tempo. Bei leistungsorientierten Läufern gelten allerdings andere Richtwerte. Diese finden Sie in den jeweiligen Tabellen.

Eine weitere Hilfe bietet das subjektive **Anstrengungsgefühl (BORG-Skala),** sofern man es mit den »objektiven Werten« gekoppelt hat. Wer Probleme mit seinem **Tempogefühl** hat, kann sich mit dem Minutenlauf helfen. Um die zur Pulsfrequenz passende, tatsächliche Laufgeschwindigkeit zu ermitteln, legen Sie zunächst nach den Tabellen Ihren Trainingspuls fest. Laufen Sie nun (nach ruhiger Aufwärmung) auf einer markierten Bahn eine Minute in gleichmäßigem Tempo. Messen Sie am Ziel sofort Ihren Puls. Ist er zu hoch oder zu niedrig, wiederholen Sie den Test mit geringerem oder höherem Tempo. Stimmt der Puls, merken Sie sich die zurückgelegte Strecke. Aus der Umrechnungstabelle können Sie die entsprechenden Werte für Kilometer pro Stunde (km/h), Meter pro Sekunde (m/s) und 15-Minuten-Laufstrecken entnehmen.

Testlauf m/min	m/sec	m/15 min	km/h	min/km
100	1,7	1500	6,0	10:00
120	2,0	1800	7,2	8:20
140	2,3	2100	8,4	7:08
160	2,7	2400	9,6	6:15
180	3,0	2700	10,8	5:33
200	3,3	3000	12,0	5:00
220	3,7	3300	13,2	4:33
240	4,0	3600	14,4	4:10
260	4,3	3900	15,6	3:51

Umrechnungstabelle für Minutenlauf

»Etwas schwer« (13 bis 14) ist genau richtig. Wenn Sie auf dieser Skala Ihren Lauf bereits als »schwer« empfinden, ist das Tempo zu hoch

BORG-Skala
sehr, sehr leicht = 6 – 7 – 8
sehr leicht = 9 – 10
ziemlich leicht = 11 – 12
etwas schwer = 13 – 14
schwer = 15 – 16
sehr schwer = 17 – 18
sehr, sehr schwer = 19 – 20

Trainingsbereiche für das Grundlagenausdauertraining

Regenerations- und Kompensationstraining (REKOM)

Training ist ein fein abgestimmtes Wechselspiel zwischen Belastung und Erholung. Um den Organismus dabei zu unterstützen, sind in regelmäßigen Abständen regenerative Läufe nach der kontinuierlichen, extensiven Dauermethode in voller aerober Stoffwechsellage wichtig.

Charakteristische Trainingsbelastungen des Laufens als Ausdauertraining für Gesundheitssportler (modifiziert nach HOTTENROTT 1995 und ZINTL 1994)

Bereich	REKOM	GA1 (DL1, DL2)
Methode (vorrangig)	kontinuierliche Dauermethode (extensiv)	kontinuierliche Dauermethode (extensiv und intensiv) Fahrtspielmethode
Intensität	sehr niedrig	niedrig bis mittel
Puls* (% von HFmax, 220–Alter)	60–70% HFmax (ca. 160 – Alter)	65–75% (DL1) (ca. 170 – $^1/_2$ Alter) 75-85% (DL2) (ca. 175 – $^1/_2$ Alter)
Laktat*	< 1,5 (2) mmol	1,5–2 mmol (DL1) 2–3 mmol (DL2)
Atmung	ungezwungen	> 4:4 (DL1) = 3:3 (DL2) Schritte Ein:Aus
Tempo*(% von v_d im CONCONI-Test)	65–75%	75–80% (DL1) 85–90% (DL2)
Dauer (h)	bis 0:15 h (D) bis 0:30 h (F) bis 0:45 h (L)	0:20–0:45 h (D) 0:40–1:30 h (F) 1:00–2 (3):00 h (L) (für DL2 ca. –$^1/_3$)
Umfang (km)	2–3 km (D) 3–5 km (F) 5–10 km (L)	3–10 km (D) 5–15 km (F) 10–45 km (L) (für DL2 ca. –$^1/_3$)

REKOM = Regeneration und Kompensation; GA = Grundlagenausdauer; DL = Dauerlauf; D = Durchschnitt, F = Fitneß, L = Leistung
*1. Wert bei längeren, 2. Wert bei kürzeren Strecken; weniger Trainierte wählen eher den 1. Wert.

Grundlagenausdauertraining 1 (GA1)

GA1-Training ist der wichtigste Trainingsbereich für die Erhöhung der aeroben Kapazität (sauerstoffverwertende Systeme). Es stabilisiert und ökonomisiert die allgemeine Grundlagenausdauerleistung, die Basis für höhere Wettkampfgeschwindigkeiten bei aerober Energiegewinnung. Das vorrangige trainingsmethodische Prinzip ist das Dauerprinzip, vorwiegend in Form der kontinuierlichen, gelegentlich auch der variablen Dauermethode.

GA1-Training ist die vorherrschende Trainingsmethode im Gesundheitstraining, aber auch Basismethode für Leistungsorientierte. Je nach organischer Beanspruchung unterscheidet man zwei Varianten des Dauerlauftrainings. Bei DL1 beträgt die Laktat-Produktion maximal 2 mmol/l, so daß vorwiegend Fettsäuren die Energiebereitstellung sichern. Bei DL2 steigt die Beanspruchung auf 2 bis 3 mmol/l, so daß zunehmend auch Glykogen verbrannt wird. Entsprechend steigen auch Atem- und Herzfrequenz (siehe Tabelle).

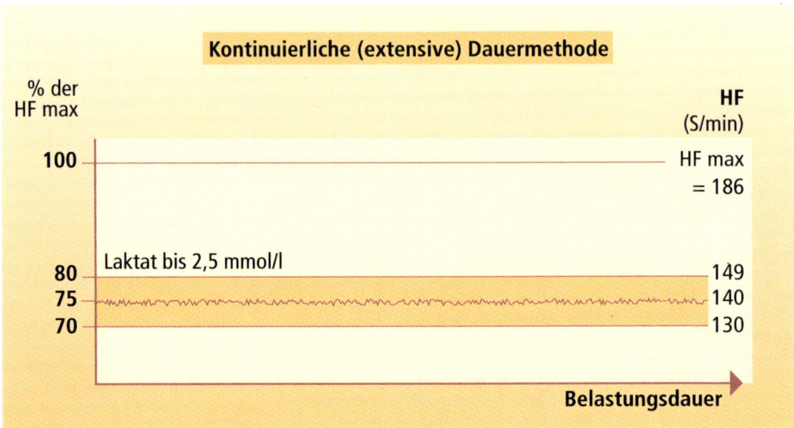

REKOM- und GA1-Training am Beispiel eines Läufers mit HFmax von 186 S/min = 100 Prozent (modifiziert nach HOTTENROTT 1995, 23)

Trainingsprogramme für Laufanfänger

Sie haben beim Ausdauer-Check festgestellt, daß Ihre Leistung unter »Durchschnitt« liegt. Trotzdem, oder gerade deswegen, haben Sie sich fest vorgenommen zu laufen. Glückwunsch! – Doch wie anfangen?

Vielleicht haben Sie es früher schon einmal probiert. Aber dann war Ihnen die Anfangshürde doch zu hoch. Das Wetter war schlechter als erwartet oder die Laufkleidung doch nicht mehr up to date. Nun, das ließe sich leicht ändern, wenn Sie sich passend kleiden.

Vielleicht aber haben Sie auch die ersten Schritte bereits einmal gewagt. Positiv motiviert haben Sie sich aufgerafft und einfach mit dem Laufen angefangen. Doch dann haben Sie schnell, zu schnell gemerkt, daß Ihre eigenen Erfahrungen so ganz anders als die rosigen Versprechungen der Laufenthusiasten waren. Statt »runner's high«, diesem läuferischen Hochgefühl, nur Kurzatmigkeit, Seitenstechen, müde Beine und schmerzende Gelenke. Der erste Lauf war auch gleichzeitig der letzte!

Wie schade, und wie unnötig! Denn wenn Sie jemals solche unangenehmen Erlebnisse hatten, dann lief etwas falsch.

Man muß sich beim Laufen nicht quälen! »Das Tempo tötet« wissen erfahrene Läufer. Und genau da liegt das größte Problem der meisten Laufanfänger. Es ist im wesentlichen eine Frage des angemessenen Tempos (Belastungsintensität), und danach des allmählichen Trainingsaufbaus, ob und wie lange man entspannt laufen kann. Also keinesfalls gleich »losbolzen«, sondern langsam beginnen. Die

Trainingsprogramme zeigen Ihnen genau, wie. Zuvor aber noch einige Tips: Sind Sie völlig »untrainiert«, sollten Sie auf jeden Fall vorher das O.K. Ihres Arztes einholen. Danach können Sie mit der ersten Trainingseinheit beginnen.

Über 80 Prozent aller Freizeitjogger laufen zu schnell. Neben der Pulsfrequenz ist die Atmung eine gute Hilfe für die Belastungskontrolle. Das Lauftempo ist dann richtig, wenn Sie sich noch gut unterhalten könn(t)en. Das bedeutet für DL1 etwa 8 Schritte pro Atemzyklus (4 Schritte ein-, 4 Schritte ausatmen), ohne aber die Atmung krampfhaft den Laufschritten anzupassen

Etwas besser Trainierte können – müssen aber nicht – die ersten 3 bis 4 Stufen überspringen. Und jetzt gibt es nur noch eins: die realistischen Vorgaben des Trainingsplans (Seite 68) konsequent und regelmäßig einhalten. Denn nur dann führt das Training zum Erfolg.

Für die richtige Belastungsdosierung im Gesundheits-/Freizeitbereich gilt die Faustregel: Herzfrequenz (Puls) = 180 minus Lebensalter pro Minute

Woche	Häufig-keit	Dauer (min)	Inhalt (G = Gehen, L = Laufen)	Anmerkung
			Gewöhnungs-Programm für Laufanfänger (von 0 bis 4 Minuten)	
1	2x	15–20	GGGLG GGLGG GLGGG (GLGGG) Gehtempo langsam steigern und am Ende verringern; zwischendurch mehrmals 20–30 m Traben	Vielleicht verabreden Sie sich mit einem Trainingspartner!?
2	2x	15–20	(GG)GGG – GLGLGLGLGL – GG (GGG) 10 Minuten Gehen und Traben im Wechsel je 20–30 sec	Tempo beim Traben so langsam (!) wie möglich
3	2–3x	20	GGGGG – GLGLGLGLGL – GGGGG 10 Minuten im Wechsel Gehen und Traben, je 30–45 sec	Beim Traben ruhig atmen: »Laufen ohne zu schnaufen!«
4	2–3x	20	GGG – GLGLGLGLGLGLGL – GGG 14 Minuten im Wechsel Gehen (20–30 sec) und Traben (45–60 sec)	Die Laufstrecke, nicht das Tempo steigern.
5	2–3x	20	GG – GLLGLLGLLGLLGLLG – GG 16 Minuten im Wechsel Gehen (20–30 sec) und Traben (60–90 sec)	Herzfrequenz bei L etwa 60% von HFmax (Tabelle: REKOM)
6	2–3x	25	GG – GLLGLLGLLGLLGLLGLLGL – GGG 20 Minuten im Wechsel Gehen (30–34 sec) und Traben (90–120 sec)	Merken Sie, wie Sie leicht länger als 1 Minute laufen können?
7	2–3x	25	GG GLLLGLLGLLLGLLGLLGLL GGG 20 Minuten im Wechsel Gehen (30–45 sec) und Traben (2–3 min)	Herzfrequenz bei L etwa 65% von HFmax (Tabelle: DL1)
			Aufbau-Programm für Laufanfänger (von 4 bis 12 Minuten)	
8	2–3x	30	GGLLGLLLGLLGLLLLGLLGLLLLGGLGGG 25 Minuten Gehen (45-60 sec) und Traben (3-4 min) im Wechsel	Sie laufen bereits ohne Probleme 4 Minuten!
9	2–3x	30	GLLGLLGLLGLLGLLLLLGLLLLLGLLGG Läufe weiterhin in ruhigem Tempo	5 Minuten sind schon geschafft!
10	2–3x	30	GLLGLLGLLLLLLGGGLLLLLLGGLLGG ab jetzt um 1 min länger L je TE	Je 1 Tag Pause zwischen den TE
11	3x	30	GLLGLLGLLLLLLLLLLGGLLLLLGGLLG längerer Lauf in der Mitte der TE	Nur noch 1 Woche – locker bleiben!
12	3x	30	GLLLGGLLLGLLLLLLLLLLLGGLLGGLG	12 Minuten am Stück geschafft!
			Durchschnitts-Programm für Laufgewohnte (von 12 zu 30 Minuten)	
12 bis 24	3x	30–40	GGLLLL(GG)LLLLLLLLLLLLLLLLLGG L je Woche =1–2 min länger; G allmählich verringern	Nach 24 Wochen laufen Sie 30 Minuten am Stück! Das reicht als Standard für ein Gesundheitsprogramm.
			Fitneß-Programm für Laufgewohnte (von 30 zu 45 Minuten)	
25 bis 32	3 (4) x	40–50	GGLLLL...LLLLLGG LLLLLL...LLLLGG Laufzeit weiter verlängern: (a) Die 30-Minuten-Dauerläufe um 1-2 min/Woche ausdehnen (b) Variante: 2–3 extensive Dauerläufe à 10 min (+ 1–2 min) – ab jetzt weiter ab Seite 69	Nach diesen 32 Wochen laufen Sie 45 Minuten! – Mußten Sie das Programm unterbrechen, verringern Sie die Laufzeit wieder!

Trainingsprogramme für Leistungsorientierte

Für leistungsorientierte Sportler kommen zu den Trainingsbereichen des Gesundheitstrainings zwei weitere Bereiche mit spezielleren Trainingsmethoden hinzu. Leistungsorientierte sind die Personen, deren Testleistung über dem »Durchschnitt« liegt. Sie haben Wettkampfambitionen und sind in der Lage, regelmäßig mindestens einmal pro Woche 30 bis 45 Minuten zu laufen.

Bereich	GA2 (DL3)	WSA (TL)
Methode (vorrangig)	extensive Intervallmethode, Fahrtspielmethode, wechselhafte Dauermethode, kontinuierliche Dauermethode (intensiv)	intensive Intervallmethode, Wiederholungsmethode, Wettkampfmethode
Intensität	mittel bis hoch	hoch bis sehr hoch
Puls* (% von HFmax, 220 – Alter)	80–90% (DL3) (ca. 180/190 – $1/2$ Alter) 85–95% (Intervall)	90–100% (TL)
Laktat*	3–6 (8) mmol	> 6 (–20) mmol
Atmung	< 3:3 (DL3) Schritte Ein:Aus	2:2 und schneller Schritte Ein:Aus
Tempo*(% von vd im CONCONI-Test)	90–95% (DL3) 95–100% (Intervall) oder: Prozent der Zeit auf Strecke (s. S. 70/71)	95–105% oder: Prozent der Zeit auf Strecke (s. S. 70/71)
Dauer (h)	Im Trainingstempo: 0:15–0:25 h (D) 0:20–0:30 h (F) 0:20–0:50 h (L)	Im Trainingstempo: 0:05–0:10 h (D) 0:10–0:20 h (F) 0:10–0:30 h (L) je Lauf kürzer
Pause (bei Intervallmethode)	Trabpausen (2–5 min) »lohnende Pausen« (Puls < 120/130 S/min)	Geh-/Trabpausen (> 3 min) »vollständige Pausen« (Puls < 100/110 S/min)
Umfang (km)	2–4 km (D) 3–8 km (F) 4–15 km (L)	1–3 km (D) 2–4 km (F) 3–10 km (L)

Charakteristische Trainingsbelastungen des Laufens als Ausdauertraining für Leistungssportler (modifiziert nach HOTTENROTT 1995, ZINTL 1994)

REKOM = Regeneration und Kompensation; GA = Grundlagenausdauer; WSA = wettkampfspezifische Ausdauer; DL = Dauerlauf; TL = Tempolauf; D = Durchschnitt, F = Fitneß, L = Leistung
*1. Wert bei längeren, 2. Wert bei kürzeren Strecken; weniger Trainierte wählen eher den 1. Wert.

Grundlagenausdauertraining 2 (GA2)

Dieser Trainingsbereich ist wichtig für die Erhöhung der anaeroben Kapazität (Laktattoleranz) und die Weiterentwicklung der Grundlagenausdauer. Zu diesem Zweck wird bewußt der aerob-anaerobe Mischstoffwechsel beansprucht. Daher wird neben der variablen Dauermethode (DL3) auch die extensive Intervallmethode eingesetzt.

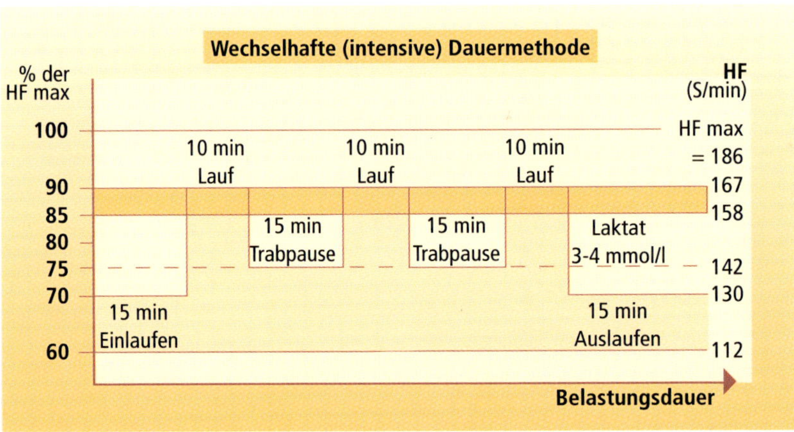

GA2 – Training am Beispiel eines Läufers mit HFmax von 186 S/min = 100 Prozent (modifiziert nach HOTTENROTT 1995, 24)

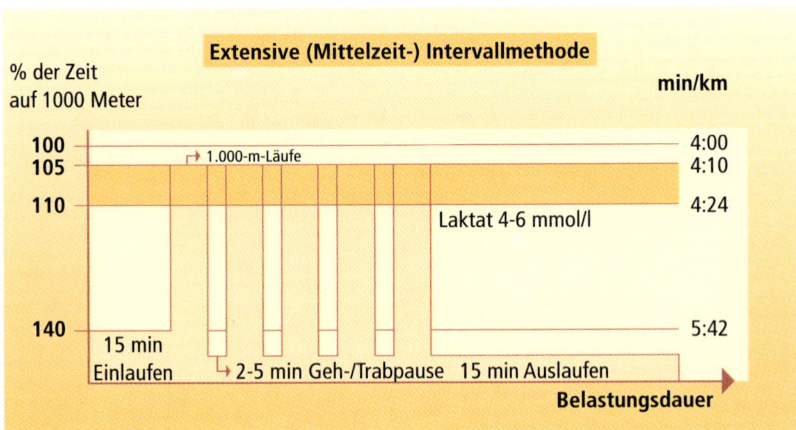

GA2 – Training am Beispiel eines Sportlers mit einer Bestzeit von 40 Minuten über 10 Kilometer / v = 4 min/km (modifiziert nach HOTTENROTT 1995, 26)

Wettkampfspezifisches Ausdauertraining (WSA)

Dieses sehr intensive Training soll die Wettkampfbelastungen simulieren. Beim WSA-Training kommt es auf das maximale Tempo und schnelle Bewegungsausführung an. Daher wird vorwiegend nach der Wiederholungs- und intensiven Intervallmethode mit annäherndem Wettkampftempo trainiert. Die Distanz ist im Vergleich zum Wettkampf kürzer, wenn ein höheres Tempo gewählt wird.

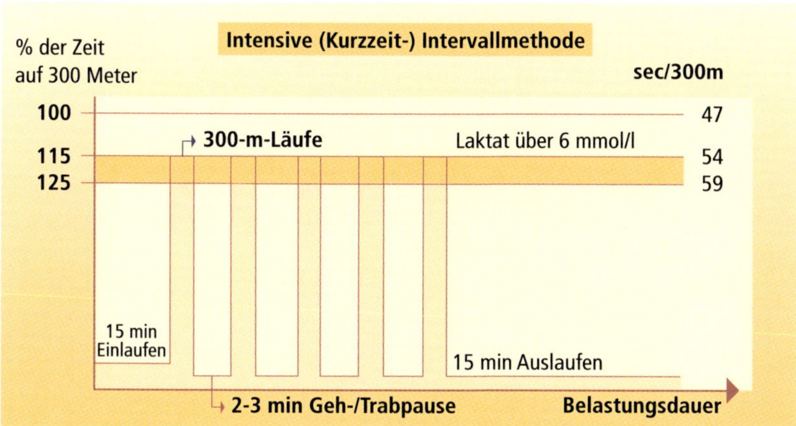

WSA – Training am Beispiel eines Sportlers mit einer Bestzeit von 47 Sekunden über 300 Meter (modifiziert nach HOTTENROTT 1995, 27)

Aufteilung der Trainingsbereiche

Im Laufe eines Trainingsjahres werden die einzelnen Trainingsbereiche unterschiedlich akzentuiert. Der Schwerpunkt aber liegt bei allen Ausdauersportlern, Hobby- wie Leistungssportlern, eindeutig im Bereich des GA1-Trainings.

Je nach Leistungsstand, Trainingsziel und Trainingsperiode können sich Veränderungen ergeben. Werden leistungsmäßig eher Mittel- und kürzere Langstrecken (bis 10 000 Meter) bevorzugt, so verschiebt sich das Gewicht mehr

Trainingsperiode Abk.	Bezeichnung	Inhalt/Schwerpunkt
ÜP	Übergangsperiode	**Erholungsetappe:** Ausgleich zu bisherigem Training; neben REKOM-Läufen möglichst variable Belastungen mit anderen Aktivitäten
VP1	1. Vorbereitungs-periode	**Grundlagenetappe:** Training der allgemeinen Athletik (Motorik) und Grundlagenausdauer; allmähliche Umfangserhöhung
VP2	2. Vorbereitungs-periode	**Intensitätsetappe:** Erhöhung der speziellen Grundlagenausdauer durch Intensitätssteigerung; Stabilisierung der allgemeinen Grundlagenausdauer
VP3	3. Vorbereitungs-periode	**Etappe der Topform (tapering, peaking):** Erarbeiten der speziellen Laufausdauer in Wettkampfform
WP	Wettkampf-periode	**Wettkampfetappe:** Ausprägung der Wettkampfleistung in Vorbereitungs- und Hauptwettkämpfen; dazwischen REKOM

Modell der Einteilung des Trainingsprogrammes in Etappen (Periodisierung)

oder weniger in Richtung GA2- und WSA-Training. Gleiches gilt für die Trainingsperioden vor und während der Wettkampfphase.
Hochleistungssportler müssen zudem auf ausreichende Regeneration achten, die sie durch vermehrte Läufe im REKOM-Bereich (20 bis 30 Prozent der Trainingseinheit), aber auch extensive unspezifische Belastungen, wie Aquajogging, Radfahren, Circuit-Training oder Schwimmen, erreichen.

Periodisierung

Leistungsorientierte Sportler mit Wettkampfambitionen müssen ihr Trainingsjahr zudem systematisch aufteilen. Dazu werden meist fünf Trainingsperioden oder -etappen unterschieden, in denen verschiedene Schwerpunkte gesetzt werden.

Wie oft dann schließlich in der Woche die einzelnen Trainingsbelastungen realisiert werden, ist wiederum vor allem vom Leistungsstand, dem Trainingsziel und der Trainingsperiode abhängig.
Wer allerdings weiterhin vorwiegend nur als Hobby- oder Gesundheitsläufer joggt, für den reicht der allgemeine Hinweis, öfter einmal im Laufe der Wochen und Monate sowohl die Trainingsmethode als auch den Trainingsinhalt zu wechseln. Im wesentlichen aber trainiert er 2- bis 5mal wöchentlich im GA1-Bereich mit kontinuierlicher und variabler Dauermethode (siehe dazu Seite 64 ff.).

Monat	Nov	Dez	Jan	Feb	Mär	Apr	Mai	Jun	Jul	Aug	Sep	Okt	Σ
Periode	ÜP	VP1			VP2	VP3	WP1	ÜP	VP2	VP3	WP2	ÜP	
Trainingsbereiche (%)													
REKOM	50	10			10	10	25	50	15	10	15	50	15
GA1	50	75			70	65	50	50	65	60	55	50	65
GA2	–	10			10	15	10	–	10	15	10	–	10
WSA	–	5			10	10	15	–	10	10	20	–	10
andere TE	VAR	AA			(AA)			AA	(AA)				
Gesamt-km pro Woche (TE/Woche)													
GSP	10	20–25			25–30	30–35	25	12	30	40	30	10	1 000
	(2)	(2–3)			(3–4)	(4+)	(3–4)	(2)	(3–4)	(4+)	(3–4)	(2)	
FSP	25	60			80	100	80	30	80	100	70	25	3 000
	(3)	(4–5)			(5–6)	(6+)	(5)	(3)	(5–6)	(6+)	(4–5)	(3)	
LSP	40	80–100			120	140	110	50	130	150	100	40	5 000
	(4)	(6–7)			(7–8)	(8–9)	(6–7)	(4)	(8–9)	(8–9)	(6–7)	(4)	

Jahresperiodisierung mit Zuordnung der Trainingsbereiche bei zwei Wettkampfetappen (bei nur einer Wettkampfetappe verdoppelt sich die Dauer von VP1 und VP2)

ÜP = Übergangsperiode; VP = Vorbereitungsperiode (1 = allgemein, 2/3 = speziell), WP = Wettkampfperiode, AA = allgemeine Athletik/Gymnastik, VAR = Variationen; TE = Trainingseinheiten; GSP = Gesundheits-; FSP = Fitneß-; LSP = Leistungssportler

Aufteilung der Trainingseinheiten pro Woche

Tag	Mo	Di	Mi	Do	Fr	Sa	So
Bereich (für FSP)	REKOM	GA2	WSA	Pause REKOM	GA1	GA1	GA1
km	8	10	8x300m +5	5	15	25	20
Bereich (für GSP)	REKOM		GA2		GA1		WSA
km	6		6		14		6x200m +3
Belastung	**gering**	**mittel**	**hoch**	**gering**	**mittel**	**hoch**	**hoch**

GSP = Gesundheits-; FSP = Fitneß-Sportler; Hinweise zur Trainingsmethode in den Trainingsbereichen auf Seite 65 und 69

Grundsätzlich sollten Trainingseinheiten mit hoher und niedriger Belastung im Laufe einer Woche und eines Monats im Verhältnis von 2:1 bis 3:1 wechseln. Auf 2 bis 3 anstrengende Tage (Wochen) folgt ein »Entlastungstag« (eine Woche). In dieser Zeit soll der Organismus sich erholen und an die Trainingsreize anpassen

Simulierte Wettkampfbelastung in der letzten Vorbereitungsperiode

Das Trainingsprotokoll

Fast alle Spitzenläufer notieren regelmäßig, was und wie sie trainiert haben. Ein solches Trainingsprotokoll ist hilfreich. Darin sollte dokumentiert werden, welche Trainingsmaßnahmen (Inhalte) im Laufe einer bestimmten Zeit durchgeführt wurden, wie das persönliche Belastungsempfinden war, welche Besonderheiten aufgetreten sind und wie sich die persönliche Leistung verbessert hat. Die spätere Analyse und Auswertung des Trainings kann bei der Fehlersuche helfen, so daß zukünftig noch effektiver trainiert werden kann. Zur besseren Übersicht bietet es sich an, ein Formblatt für jeweils eine Woche zu erstellen.

Trainingsprotokoll

Woche Nr. vom: bis: 19 Name: Plan Nr.:

Tag/Datum	Uhrzeit	Ort	Inhalt (Sportart)	km	Belastungsber. Trainingsmeth.	Train.-Puls	Kommentar	Befin-den	Ruhe-Puls
Mo									
Di									
Mi									
Do									
Fr									
Sa									
So									
Gesamt:	**h:**		**TE**	**km**	**REKOM** **GA1: DL1** **GA1: DL2** **GA2; WSA(TL)**				

Der erste Laufwettbewerb

Sie gehören bereits zur Gruppe der Laufgewohnten und erfüllen die Voraussetzung, seit mindestens 8 Wochen ohne Probleme 3mal pro Woche 30 bis 45 Minuten laufen zu können. Ihr nächster Gedanke: »Wie geht's weiter? Wäre nicht die Teilnahme an einem Laufwettbewerb interessant? Oder sind Bergläufe jetzt etwas für mich?«
Wie bereits für Gesundheits- und Hobbyläufer dargestellt, kann man sich nur allmählich und vorsichtig von einer Leistungsstufe zur nächsten hinaufarbeiten, wenn man keine Überlastungen in Kauf nehmen

Damit Laufwettbewerbe zum positiven Erlebnis werden, sollte man sich gezielt vorbereiten und den Wettkampf behutsam beginnen

Die letzten 10 Tage vor dem Laufwettbewerb

- *Ein Test-Lauf mit verringerter Strecke zur gleichen Tageszeit wie der Laufwettbewerb*
- *Umfang und Intensität des Trainings langsam verringern*
- *In den letzten 3 Tagen vorher nur REKOM und GA1: DL1*
- *Ausreichend schlafen, Ernährung kohlenhydratreich*
- *Marschtabelle erstellen, langsamer als möglich beginnen*
- *Zehennägel schneiden*

Entstehung von Übertraining

möchte. Das heißt pointiert: Nur der Olympiasieger verträgt auch das für einen Olympiasieg erforderliche Training von zum Teil 25 Stunden Laufbelastung mit 280 Laufkilometern pro Woche. Um aber zu diesen hohen und höchsten Leistungen zu gelangen, ist jahrelanges, gezieltes Aufbautraining erforderlich, das in jungen Jahren beginnt. Dazu wird der jährliche Trainingsumfang in der Regel jeweils um lediglich 10 bis 20 Prozent gesteigert.

Das gleiche gilt aber sinngemäß für alle Leistungsstufen. Daher sollten Newcomer, die als »Späteinsteiger« Spaß am Laufen gefunden haben, auch nicht mit aller Macht versuchen, riesige Belastungssprünge vorzunehmen. Das Ergebnis sind nur allzu oft Übertraining, Verletzungen und Leistungsein-

Vor dem Wettkampf sollte man etwaige Reibungsstellen abkleben

Die letzten Stunden vor dem Laufwettbewerb

- *Rechtzeitig anreisen*
- *Bis 2 Stunden vorher: Ernährung kohlenhydratreich, ausreichend trinken*
- *Witterungsangepaßte Laufkleidung wählen*
- *Gut eingelaufene Laufschuhe anziehen*
- *Eventuell Reibungsstellen (Brustwarze, Fuß/Ferse) mit Tape-Band abkleben; im Schritt eventuell mit Hirschtalg einreiben*
- *Spätestens 40 Minuten vor dem Laufwettbewerb mit gewohnter Vorbereitung/Aufwärmung beginnen: 10 Minuten ruhiges Laufen, 10 Minuten Stretching und Lockerung, 5 Minuten kurze Läufe im Renntempo – Start*

Wettkampfziel 1: Volkslauf über etwa 10 km

Persönliches Ziel, 10 km in: (bei Frauen + 10 bis 5 Minuten)	**erforderliche Trainingsstrecke pro Woche**	**erforderliche Trainingseinheiten (TE) pro Woche**	**Lauferfahrung (Minimum)**
> 60 Minuten	30 km	3 TE	3/4–1 Jahr
< 50 Minuten	40 km	4 TE	1–1 1/2 Jahre
< 45 Minuten	55 km	4–5 TE	1 1/2–2 Jahre
< 40 Minuten	70 km	5–6 TE	2 Jahre
< 35 Minuten	120 km	7–8 TE	3 Jahre
< 30 Minuten	150 km	9–10 TE	> 5 Jahre

brüche. Das betrifft in besonderem Maße Wettkampfteilnahmen. Oberstes Gebot ist es daher, sich sorgfältig auf das Rennen vorzubereiten. Man sollte nur solche Wettkämpfe bestreiten, die mit dem Training übereinstimmen, und sich im Rennen selbst realistische Ziele setzen, sprich: das erprobte Trainingstempo keinesfalls überschreiten. Letztlich muß zwar jeder individuell festlegen, welche Leistung er sich zutraut. Dennoch lassen sich zur Orientierung Richtwerte für die Trainingsplanung nennen (siehe Tabellen unten). Nach den Regeln der »Periodisierung« sollten die Trainingseinheiten langfristig verteilt werden (siehe Seite 73).

Bedenken Sie jedoch, daß diese allgemeinen, gutgemeinten Ratschläge im Einzelfall auch schon einmal fehlschlagen können. Doch aus Fehlern kann man lernen, und im nächsten Rennen klappt es bestimmt.

Während des Laufwettbewerbs

- *Marschtabelle einhalten, langsam beginnen*
- *Gleichmäßiges Tempo finden und einhalten, geländeangepaßt eventuell zurückstecken*
- *Als Hilfe – wenn möglich – mit Pulskontrolle laufen*
- *Ausreichend trinken, jede 1/4 Stunde 100 bis 200 ml eines gewohnten Getränks*
- *Kleine Mengen Kohlenhydrate (als Zusatz im Getränk oder als feste Nahrung) bei Läufen über 60 Minuten aufnehmen*

Wettkampfziel 2: Faszination Marathon

Persönliches Ziel: Marathon in... (bei Frauen + 20 bis 15 Minuten)	**erforderliche Trainingsstrecke pro Woche**	**erforderliche Trainingseinheiten (TE) pro Woche***	**Lauferfahrung (Minimum)**	**10000m-Zeit**
Durchstehen, 4:30–5:00 h	30–35 km*	3–4 TE	1 Jahr	> 60 min
< 4:15 h	40 km*	4 TE	1–1½ Jahre	≅ 60 min
< 3:50 h	55–60 km*	4–5 TE	1½–2 Jahre	≅ 50 min
< 3:30 h	70–80 km*	5–6 TE	2 Jahre	< 45 min
< 3:00 h	> 100 km**	7–8 TE	3 Jahre	< 40 min
< 2:30 h	150 km**	9–10 TE	> 5 Jahre	≅ 30 min

*alle 2 Wochen 1 Lauf mit etwa ½ Wochen-km-Leistung;
**1–2 Intervall- und längere Läufe; ergänzend Kraftausdauertraining;
***Aufteilung siehe Plan Periodisierung

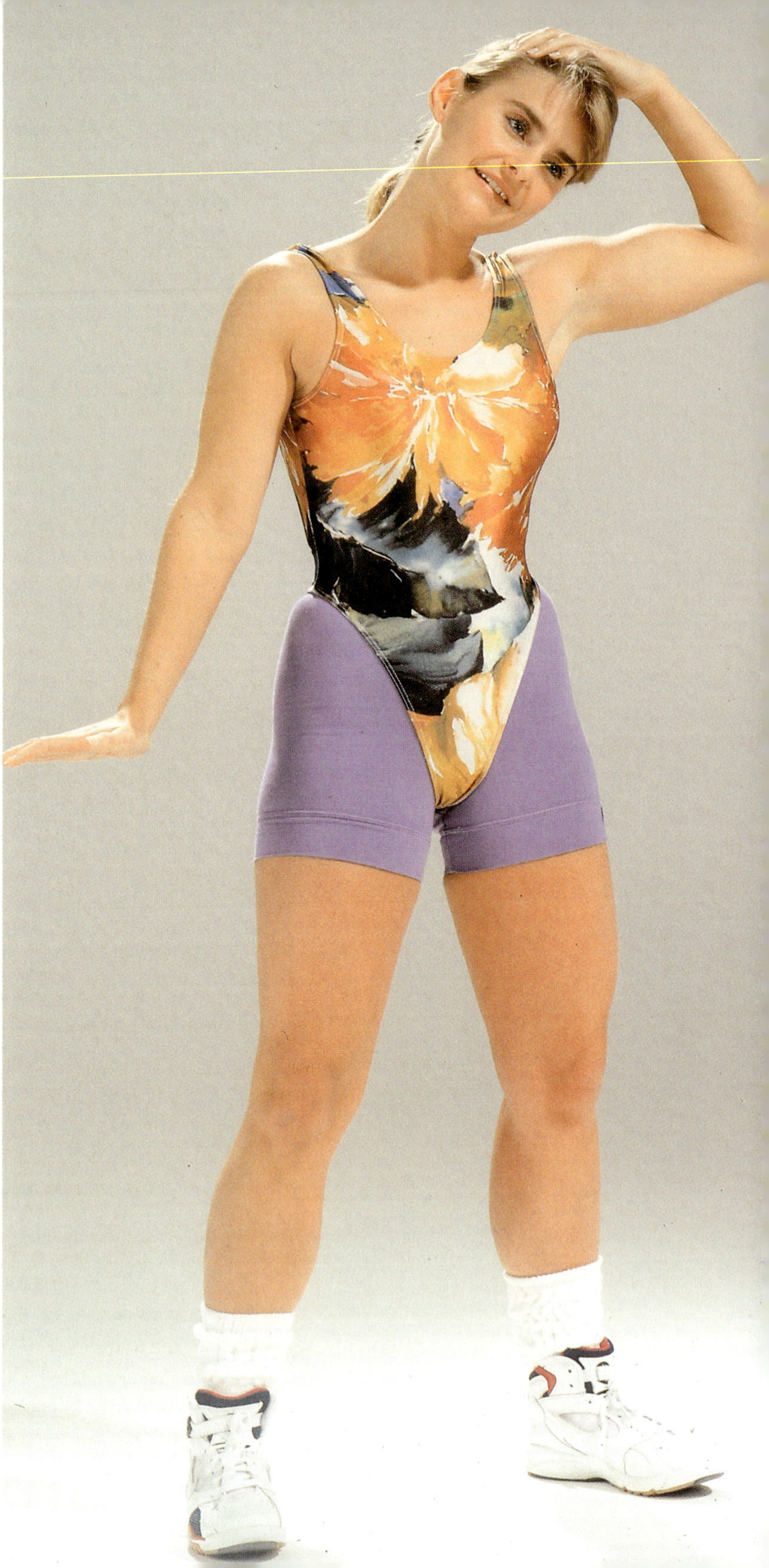

Zu einem Rundum-Fitneßprogramm gehört auch ein geeignetes Kräftigungs- und Dehnungsprogramm. Es ist gleichzeitig eine Alternative, wenn die Zeit fürs Laufen mal nicht ausreicht, oder aber Beschwerden zu einer Laufpause zwingen

Laufen – Was sonst noch dazugehört

Immer der gleiche Trott, dreimal pro Woche abends zwischen 18.00 und 19.00 Uhr die Runde im Park – das führt auf Dauer zu Leistungsstillstand. Und durch die dauernd wiederkehrenden einseitigen Belastungen steigt die Gefahr von muskulärem Ungleichgewicht. Kein Wunder, wenn dann das Knie zwickt, der Nacken verspannt ist oder der Rücken leidet.

Variation, Abwechslung, Belastungsänderung sind die Trainingsempfehlungen, wenn man langfristig eine Sportart betreibt. Das bedeutet: Streckenlänge und Lauftempo systematisch variieren, Trainingszeit und Gelände öfter einmal verändern und auch die Inhalte von Zeit zu Zeit wechseln.

Lauf-Variationen

Die klassischen Lauf-Variationen in der Übergangsphase eines Trainingsjahres: Bergauf- oder Hügelläufe und Crossläufe im Gelände. Geländeläufe sind aber nur etwas für Laufgewohnte (siehe Seite 54 und 69). Und wie bei jeder neuen Trainingsmaßnahme gilt auch hier: die ungewohnten Belastungen nur allmählich steigern.

Wer so gut vorbereitet querfeldein läuft, bergauf und bergab, bei Wind und Wetter, einerlei ob auf matschigem oder auf trockenem Boden, kräftigt auf vielfältige Weise seine Muskulatur, stärkt sein Immunsystem und sorgt vor allem für die Verbesserung seiner Kraftausdauer.

Das antrainierte kräftigere Abdrücken des Fußes hilft dann später bei den nächsten Straßenläufen. Und nicht zuletzt machen die vielfältigen Reize beim Crosstraining auch im Kopf flexibel.

Beim Hügellauf sind intensive und extensive Intervalltrainings-Methoden angebracht. Der Crosslauf ist dagegen ein typisches Beispiel für das Fahrtspiel (siehe Seite 61 ff.)

Radfahren beansprucht andere Muskeln als das Laufen, schult das Gleichgewicht und entlastet den Bewegungsapparat. »Radpuls« beim Ausdauertraining: etwa 10 bis 15 Schläge unter dem jeweiligen »Laufpuls«

Wenn Läufer einmal nicht laufen

»Laufen trainiert man nur durch Laufen!« – Dieser Satz, den man so ähnlich auch für andere Sportarten immer wieder hört, ist nur bedingt richtig. Zwar ist der hauptsächliche Inhalt des Trainings – und des Vergnügens – für Laufbegeisterte sicher das Laufen, doch Einseitigkeit schadet. Daher sollten Sie immer wieder alternative Ausdauerbelastungen, wie Schwimmen und Radfahren, gelegentlich aber auch Sportspiele als ideale Abwechslung und Ergänzung in Ihre Trainingsplanung aufnehmen.

Walking ist eine Alternative zum Laufen. Sie ist besonders geeignet als Einstiegssportart für Untrainierte, Übergewichtige, Personen mit Gelenkbeschwerden und für ältere Personen. Durch das sportliche Wandern – am besten in abwechslungsreichem Gelände – können ebenfalls umfangreiche positive Effekte für die Gesundheit, die Fitneß und für das Wohlbefinden erzielt werden.

Eine weitere Alternative bietet das *Aquajogging.* Während im brusthohen Wasser die Gelenke durch die Auftriebskraft des Wassers mit nur einem Zehntel des Körpergewichtes belastet werden, ist die Belastung im tiefen Wasser gleich null. Für die Laufbewegung im tiefen Wasser wird eine Auftriebshilfe benutzt. Bei leicht vorgeneigtem Körper bewegt man sich ähnlich wie an Land.

Auch Läufer brauchen Kraft

Ein Teil des Trainings – vor allem in bestimmten Trainingsperioden (siehe Seite 73) – besteht ganz bewußt aus ergänzenden Maßnahmen.
Vor allem Kräftigungsübungen sind auf allen Leistungs- und Könnensstufen wichtige Trainingsinhalte. Es liegt auf der Hand, daß bei Kraft- und Schnellkraftsportlern kräftigende Übungen viel wichtiger sind als bei Spiel- oder gar Ausdauersportlern. Doch auch letztere profitieren von begleitendem Krafttraining. Damit werden einseitige Belastungen der Muskulatur und des passiven Bewegungsapparates ebenso vermieden wie die unerwünschte Verfestigung von stereotypen Bewegungsmustern.
Laufen belastet und beansprucht vorwiegend die Beinmuskulatur. Für ein umfassendes Ganzkörpertraining und ein ausgewogenes muskuläres Gleichgewicht ist das zu wenig. Daher sollten im Trainingsplan aller Läufer Übungen für die weiteren großen Muskelgruppen des Körpers (z.B. Rückenmuskulatur) nicht fehlen.
Aber nicht vergessen: Kraftübungen immer in Verbindung mit Übungen zur Verbesserung der Beweglichkeit (Stretching), Lockerung und Entspannung durchführen.

Methoden des Krafttrainings

Wie beim Ausdauertraining ist es auch beim Kraft- oder Muskeltraining von ganz entscheidender Bedeutung für den Trainingserfolg, daß die passenden Trainingsmethoden zum Einsatz kommen. Dazu müssen die Belastungsgrößen oder Belastungsnormative angegeben werden (siehe Tabelle).
Von den zahlreichen Varianten, die aus den Belastungsgrößen gebildet werden können, sind für Laufinteressierte vor allem extensive bis mittelintensive, das heißt eher umfangs-

Belastungsgröße	Merkmal/Dimension beim Krafttraining
Reizintensität/Reizstärke	Prozent der Maximalkraft, mögliches Wiederholungsmaximum Anstrengungsempfinden (z.B. BORG-Skala)
Reizdauer	Sekunden (bei statischem Training) Wiederholungszahl (bei dynamischem Training)
Reizumfang	Gesamt-Tonnage oder Kilogramm je Training (Anzahl der Wiederholungen x Last x Übungszahl x Serien / Durchgänge)
Reizdichte	Verhältnis von Pause zu Belastung
Reizhäufigkeit	Trainingseinheiten pro Woche
Ausführung	Bewegungstempo (langsam, zügig, explosiv)

als intensitätsorientierte Methoden von Bedeutung. Natürlich ist auch eine Trainingseinheit mit dem Schwerpunkt Krafttraining grundsätzlich wie eine Lauftrainingseinheit aufgebaut (siehe Seite 57).

Kräftigungsübungen für Läufer

Trainingsmittel

Bei allen kräftigenden Übungen muß eine Belastung für die Muskeln erzeugt werden. Grundsätzlich ist das möglich durch:

1. das eigene Körpergewicht,
2. Partnerwiderstand (aktiv und passiv),
3. Kurz- und Langhanteln,
4. Gummizüge,
5. Krafttrainingsgeräte verschiedener Bauart.

Für die folgenden Programme haben wir das 1. Trainingsmittel berücksichtigt. Wenn ein Fitneßstudio in Ihrer Nähe ist, dann können Sie sehr dosiert und komfortabel aber auch an Geräten trainieren. Sie können einzelne Muskelbereiche isoliert trainieren, auch 8 bis 12 Übungen aus verschiedenen Bereichen zu einem Ganzkörperprogramm kombinieren.

Methoden des Krafttrainings für Läufer

	Intensität	Dauer	Pause	Serien	Übungen	Inhalt
Muskelaufbau-training = Körperformung	40–60 Prozent	8–12 Wieder-holungen	1 (bei Kreis-) – 3 min (bei Satztraining)	1–3	8–12	Gerätetraining, Hanteltraining, andere Zusatz-geräte
Lokales Kraftausdauer-training = Körperstraffung	30–50 Prozent	15–20 Wieder-holungen (u.U. > 20)	30 sec–2 min	1–2	8–12	Ohne Geräte, mit Klein-geräten, an Trainings-maschinen

Top-10-Kräftigungsübungen

Arme/Schultern: In der Stützposition die Arme beugen und fast strecken. Wichtig: Körper in Grundspannung halten!

Oberer Rücken: Die Unterarme in U-Position neben dem Kopf, die Ellbogen nach hinten-oben führen, kurz halten und wieder absenken. Wichtig: Rücken gerade halten!

Armbeuger: Den Oberkörper durch Beugen der Arme zu den Knien ziehen und wieder am Boden ablegen. Variation: Grundübung mit einem Bein ausführen

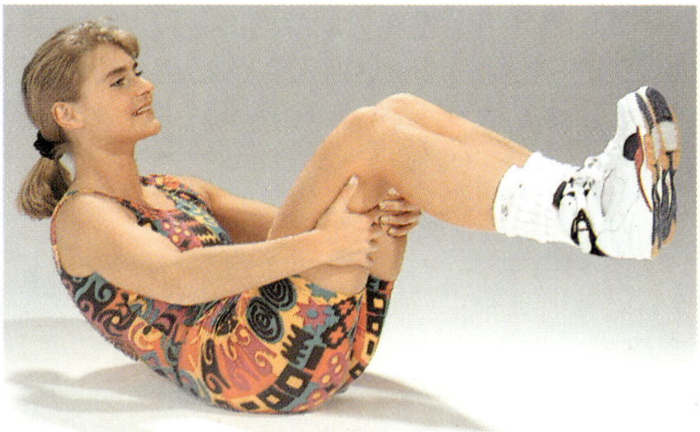

Rückenstrecker: Ein Bein zusammen mit dem gegenüberliegenden Arm anheben und senken, dabei Fußspitze und Hand anziehen. Seitenwechsel

Bauch:
Die Beine leicht gegrätscht und angestellt, die Fußspitzen angezogen, die Fersen drücken gegen den Boden. Nun die Hände »gegen einen Widerstand« in Richtung Knie schieben

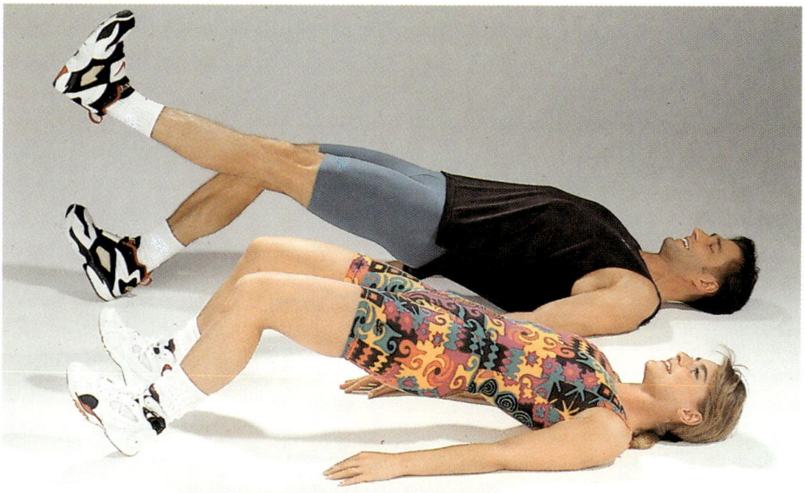

Gesäß/Hüfte:
Das Gesäß nur wenige Zentimeter vom Boden abheben und senken. Variation: Einbeinig ausführen

Beine/Gesäß:
Ein Bein im Kniegelenk rechtwinklig beugen und wiederholt ein wenig vom Boden abheben, während das andere gegen den Boden gedrückt wird.
Wichtig: Bauch einziehen!

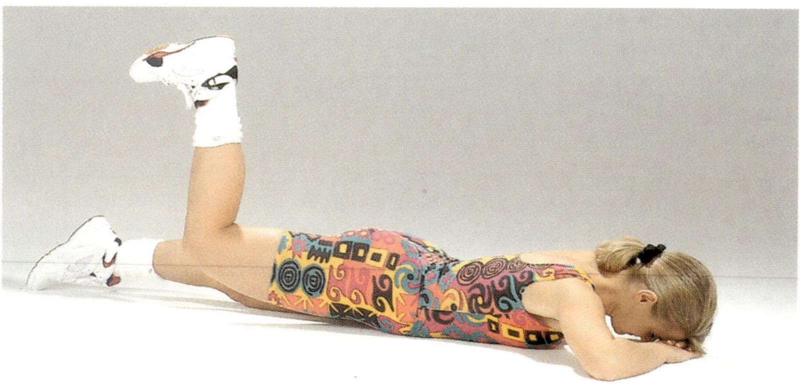

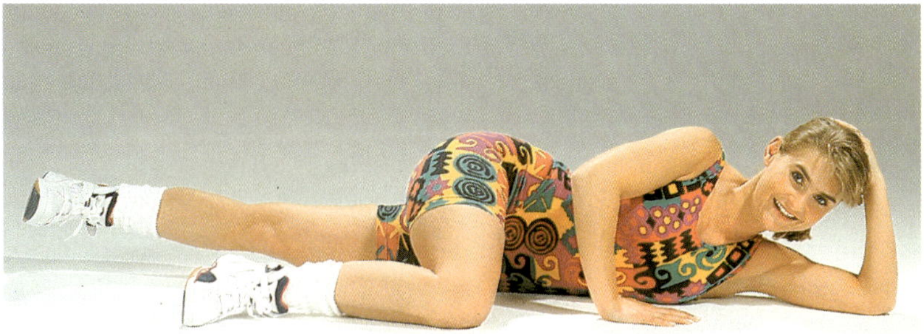

Adduktoren: Mit angezogener Fußspitze das untere Bein anheben und senken

Oberschenkel: Ein Bein mit der Ferse auf einen Stuhl absetzen und dann das Standbein im Kniegelenk beugen und strecken

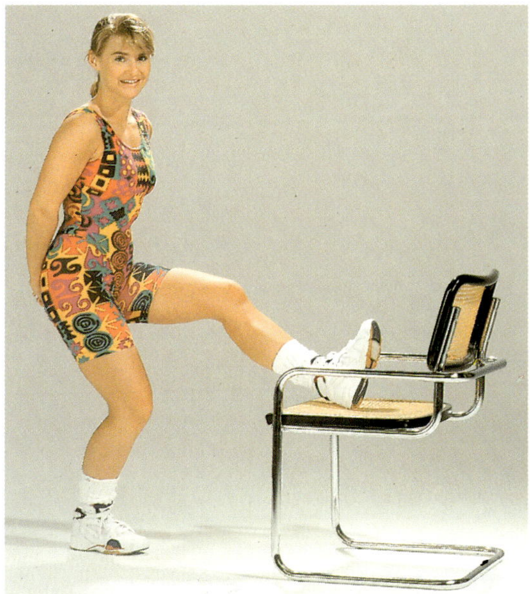

Abduktoren: Das nach innen gedrehte, gestreckte obere Bein mit angezogener Fußspitze anheben und senken. Wichtig: Bauch- und Gesäßmuskulatur leicht anspannen!

Fußgymnastik

Fersen heben
rechts und links,
Fußspitzen anziehen
rechts und links

Mit beiden Füßen
gleichzeitig von
den Fersen auf die
Fußspitzen und
zurück wippen

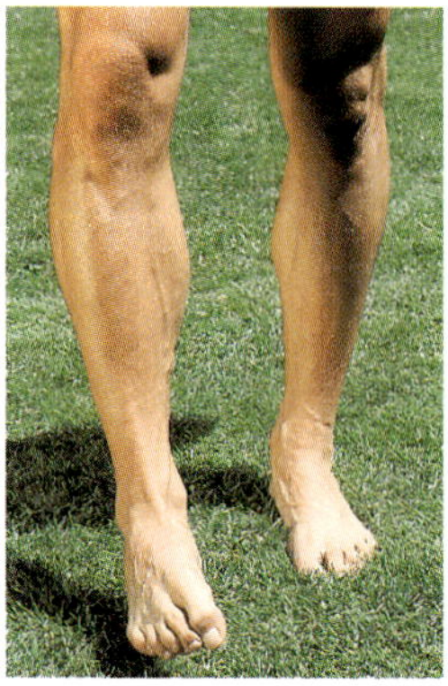
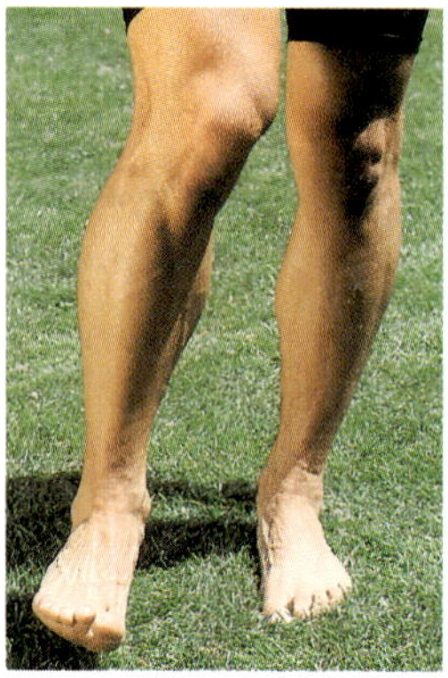

Beide Füße über die Außenkanten zur Innenkante kräftig auf den Boden drücken und danach wieder zur Außenkante »rollen«

Laufsocken mit den Zehen hochheben

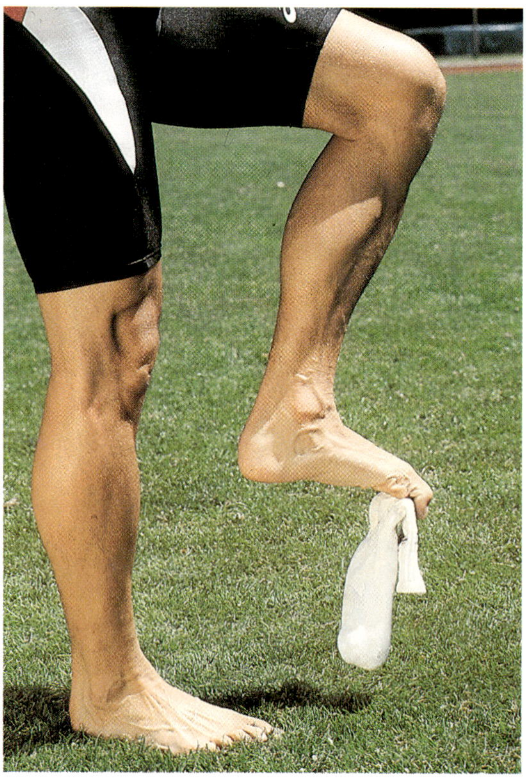

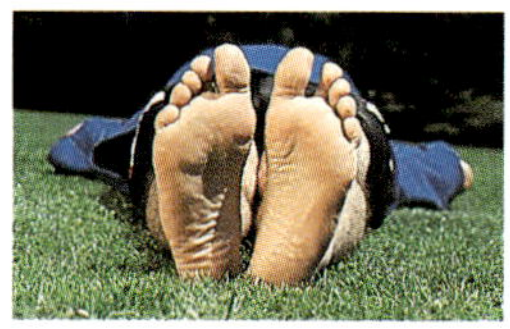
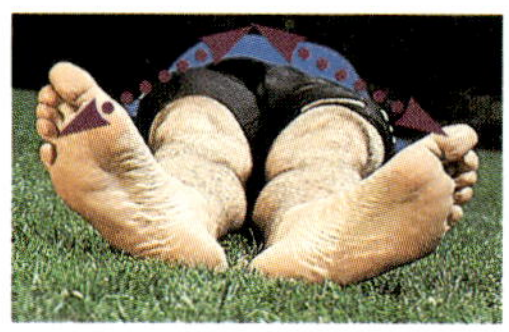

Die Fußspitzen abwechselnd nach außen und nach innen führen, die Fersen bleiben dabei am Boden

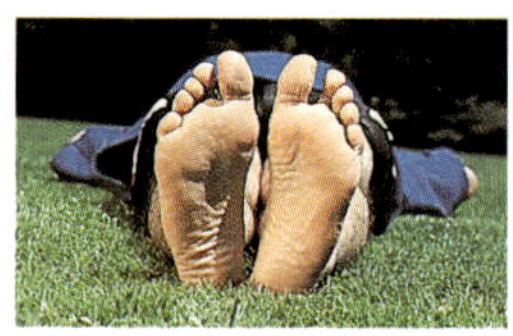

Die Fersen abwechselnd nach außen und innen setzen, die Fußspitzen bleiben dabei zusammen

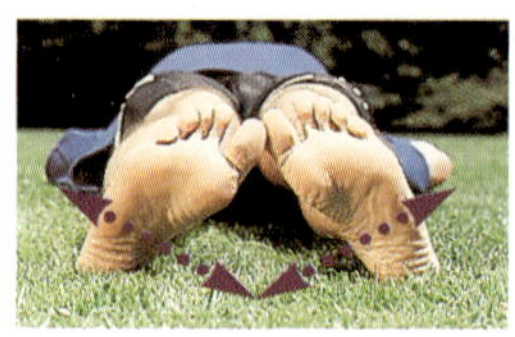

Täglich stretchen hält geschmeidig

Ergänzend und begleitend zum Krafttraining ist bei der »Muskelpflege« auf eine ausreichende Dehnung der Muskeln zu achten. Regelmäßig und korrekt ausgeführt, sind ergänzende Dehnübungen das beste Mittel gegen muskuläres Ungleichgewicht, Verspannungen und Verletzungen. Einige Übungsbeispiele waren bereits auf Seite 59 zu sehen. Zusätzlich sollten Sie so oft wie möglich das TOP-10-Stretchingprogramm durchführen – zumindest aber die Übungen daraus, die Ihre besonders belasteten Muskeln dehnen. Vorrangige Dehnmethoden sind das passiv-statische und das Anspannungs-Entspannungs-Dehnen, seltener das dynamische Dehnen (siehe Seite 58ff.).

TOP-10-Stretchingübungen

Nacken: Den Kopf mit der Hand langsam zur Seite ziehen

Brust: Die Hand an die Wand legen, den Oberkörper langsam von der Wand wegdrehen

Rücken: Die Knie mit den Armen zur Brust ziehen und die Stirn Richtung Knie führen

Bauch: Den Oberkörper mit Hilfe der Arme langsam etwas nach oben schieben

Hüfte (vorne): Das Becken nach vorn schieben. Rücken gerade halten!

Gesäß/Rücken: Das Knie zum Boden ziehen, den Oberkörper zum Gegenarm drehen

Oberschenkel (vorne):
Den Fuß langsam
zum Gesäß ziehen
Bauch einziehen!

Wade: Die Ferse
des hinteren Beines
gegen den Boden
drücken, das Bein
strecken, die Hüfte
nach vorne schieben
(Variation: mit
gebeugtem Knie)

Oberschenkel (hinten):
Das gebeugte Bein am
Oberschenkel fassen und
zur Brust ziehen, dann
das Bein langsam
strecken, die Fußspitze
zeigt zum Körper

Adduktoren:
Die Füße umfassen,
die Knie langsam
zum Boden drücken
Rücken gerade
halten!

Läufer, die sich mit einer ausgewogenen Mischkost normal ernähren und ausreichend trinken, brauchen keine spezielle Zusatzernährung

Laufen und Ernährung

Viele ambitionierte Sportler stellen sich die Frage: »Muß ich mich besonders ernähren?« Die Antwort kann nur lauten: »Im Grunde genommen nein!« Denn auch für die meisten Sportler reichen die allgemeinen Empfehlungen für eine gesunde Mischkost vollkommen aus. Daher auch keine Sorge: komplizierte Diäten oder aufwendige Menüvorbereitungen sind nur in ganz seltenen Fällen notwendig. Bereits die Beachtung einiger weniger Hinweise hilft, die Ernährung ausgewogen zusammenzustellen und den erhöhten Energieverbrauch des Läufers ausreichend abzudecken.

Sportler verbrauchen mehr Energie

Jede Bewegung verbraucht Energie, ausgedrückt in Kilojoule (kJ) beziehungsweise Kilokalorien (kcal). Je länger und intensiver eine Belastung ist, desto höher ist der Energieverbrauch (siehe Tabelle).
Bei allen Aktivitäten, bei denen das Körpergewicht mit bewegt werden muß, wie beim Laufen, Wandern oder bei Aerobic-Übungen, erhöht sich der Energieverbrauch zudem entsprechend der Körpermasse. Ebenso spielt die Bewegungstechnik eine Rolle. Denn ist die Bewegung unökonomisch oder »ungelenk«, wird immer mehr Muskulatur als nötig bewegt – und damit mehr Energie verbraucht –, als für die jeweilige Laufgeschwindigkeit erforderlich wäre. Zusätzlichen, aber geringeren Einfluß haben Alter, Geschlecht und Trainingszustand. Doch wieviel Energie wird eigentlich durch Laufen verbraucht? Der Energieverbrauch, der durch das Laufen entsteht, muß zum normalen Tagesumsatz hinzugerechnet werden. Dieser umfaßt den Grund- und den Leistungsumsatz. Für den Grundumsatz – den »normalen Ruhe-Energiebedarf« – nennt die Deutsche Gesellschaft für Ernährung (DGE) als Richtwert: 1 kcal pro Stunde pro kg Körpergewicht bei Männern und 0,9 kcal pro Stunde pro kg Körpergewicht bei Frauen.

Ausdauer-Aktivität	**Energieverbrauch** kcal in 1 Minute	kcal in 10 Minuten	kcal in 30 Minuten
Wandern 4,5 km/Std.	3	33	100
Wandern 6 km/Std.	5	50	150
Laufen 9 km/Std.	10	100	300
Laufen 12 km/Std.	12	120	360
Laufen 15 km/Std.	15	150	450

Sportart	**Energieverbrauch** kcal in 1 Minute	kcal in 10 Minuten	kcal in 30 Minuten
Badminton	5–8	50–80	150–240
Tennis	4–6	40–60	120–180
Squash	6–10	60–100	180–300
Schwimmen 20 m/min.	5	50	150
Radfahren 15 km/Std.	7	70	210
Radfahren 30 km/Std.	15	150	450
Tanzen (Latein)	7	70	210
Fußball	6–8	60–80	180–240

Nahrungsmittel	**Energiegehalt** (kcal)
Mineralwasser, Kaffee, Tee (ohne Zusätze)	0
1 Riegel Schokolade (20 g); 0,2 l Trinkmilch (Fettgehalt 1,5%)	100
0,25 l Bier; 0,25 l Malzbier; 0,2 l Wein	120
4 Trüffel-Pralinen	300
1 Portion Pommes frites (150 g)	360
1 Stück Schwarzwälder Kirschtorte	450
1 Beutel geröstete Erdnüsse (100 g)	600

Als Leistungs- oder Arbeitsumsatz werden abhängig von der körperlichen Betätigung in Beruf und Freizeit zum Grundumsatz pro Tag hinzugerechnet:

- bei leichter Aktivität (Büroangestellter) zusätzlich $^1/_3$ des Grundumsatzes,
- bei mittelschwerer Aktivität (Handwerker) zusätzlich $^1/_2$ des Grundumsatzes
- bei schwerer Aktivität (Bauarbeiter) zusätzlich $^2/_3$ des Grundumsatzes,
- bei extremer Belastung (Tour-de-France-Radfahrer oder 100-km-Läufer) zusätzlich $^1/_1$ des Grundumsatzes.

Der »normale« Tagesbedarf (Kalorienverbrauch) beträgt demnach bei einem 75 kg schweren Mann beziehungsweise bei einer 65 kg schweren Frau bei leichter Aktivität:

Grundumsatz	+	Leistungsumsatz	=	Gesamtumsatz
1 kcal x 24 h x 75 kg = 1800 kcal	+	1800 kcal x 33 % = 600 kcal	=	1800 kcal + 600 kcal = 2400 kcal
0,9 kcal x 24 h x 65 kg = 1400 kcal	+	1400 kcal x 33 % = 468 kcal	=	1400 kcal + 468 kcal = 1868 kcal

Grundsätzlich gilt für Energiebereitstellung und -verbrauch: Je geringer die körperliche Beanspruchung beziehungsweise die Erschöpfung, desto geringer der Energieverbrauch, aber prozentual um so höher der Fettanteil an der Energiebereitstellung.
Je intensiver die Belastung, um so größer der Energieumsatz und um so mehr werden Kohlenhydrate (KH) verbraucht

Zu diesem Gesamttagesumsatz aus Grund- und Leistungsumsatz muß dann an den Tagen, an denen trainiert wird, der Energieverbrauch durch das Laufen (Freizeitumsatz) hinzugerechnet werden, wie er in der Tabelle ausgewiesen ist. Je nach Lauftempo beträgt er für eine Person mit 70 bis 75 kg Körpergewicht 10 bis 15 kcal/Minute. Ein Dauerlauf von 30 Minuten »verbraucht« also etwa 300 bis 450 kcal – der »Gegenwert« von drei bis vier Schokoladenriegeln.

Bausteine einer bedarfsangepaßten, vollwertigen Ernährung (Mischkost)

Die Ernährungsempfehlungen für Läufer unterscheiden sich nur unwesentlich von den allgemeinen Empfehlungen einer gesunden Ernährung. Lediglich Leistungs- und Hochleistungssportler mit täglich mehr als drei Stunden Trainingsbelastung sind in hochintensiven Trainingsphasen auf eine spezielle Ernährungsform angewiesen.

	Soll-Wert	Ist-Wert
Fett	25 Prozent	40 Prozent
Eiweiß	15 Prozent	15 Prozent
Kohlenhydrate	60 Prozent	45 Prozent

Empfohlene Sportler-Ernährung (Soll-Wert) in Prozent der Gesamtenergiemenge im Vergleich zur Durchschnittsernährung (Ist-Wert)

Eine qualitätsvolle Ernährung sollte vom Energiegehalt (Kalorien) und von der Zusammensetzung der Nahrungsmittel (von den in den Lebensmitteln enthaltenen Nährstoffen her) ausgewogen und vollwertig sein und den individuellen Bedarf abdecken. Dabei darf nicht außer acht gelassen werden, daß Speisen und Getränke immer auch gut verträglich und schmackhaft sein sollten. Die moderne Fitneß-Küche hält mittlerweile dafür eine Reihe äußerst praktikabler Ratschläge bereit.

Energiegehalt und Nährstoffe

Die aufgenommene Nahrungsmenge sollte sich nach dem Energiebedarf richten (siehe Seite 96). Leider weichen die tatsächlichen Ernährungsgewohnheiten (Ist-Wert) noch immer von den anerkannten Ernährungsempfehlungen (Soll-Wert) der Deutschen Gesellschaft für Ernährung e.V. ab (siehe Abbildung). Um so wichtiger ist eine praktikable Empfehlung für die tägliche Auswahl von Lebensmitteln in der Praxis der Sportlerernährung.

Zusammensetzung der täglichen Nahrung

Eine hervorragende Hilfe für die ausgewogene Auswahl von Lebensmitteln – auch in der Sportlerernährung – stellt der sogenannte »Ernährungskreis« (nach DGE) dar. Er zeigt, wie eine vollwertige, bedarfsangepaßte Ernährung aus mehreren unverzichtbaren Bausteinen aussehen soll. Die Größe der Segmente gibt die Wichtigkeit der einzelnen Nahrungsmittel an, die in der täglichen Ernährung enthalten sein sollen.

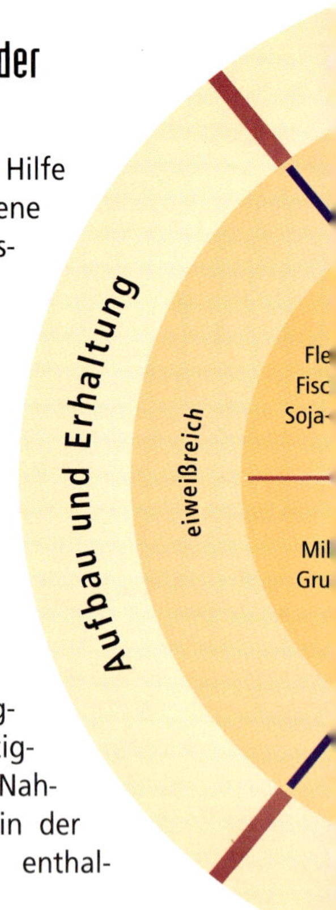

Bausteine einer gesunden Sportlerernährung

Kohlenhydrate – das Muskelbenzin

Kohlenhydrate sind die wichtigste Nährstoffgruppe in der täglichen Ernährung. Sie gelten als das am schnellsten verfügbare »Muskelbenzin«. Allerdings kann der Körper Kohlenhydrate nur in geringer Menge speichern. Aber je mehr Kohlenhydrate in der Nahrung, desto größer die Speicher. Ausdauertrainierte Sportler können die Speicherung sogar »lernen«. Es ist aber nicht gleichgültig, welche Kohlenhydrate man zu sich nimmt (siehe Tabelle auf Seite 100).

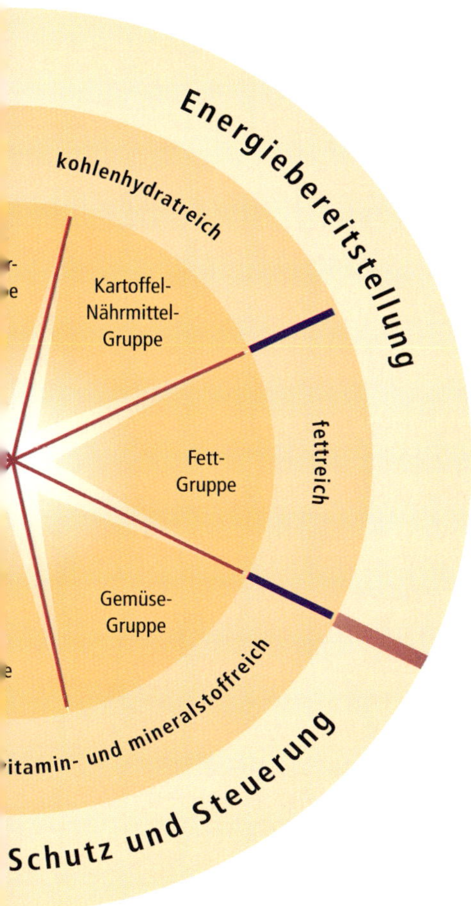

Form der Kohlenhydrate	Einfachzucker (Monosaccharide)	Zweifachzucker (Disaccharide)	Mehrfachzucker (Oligosaccharide)	Vielfachzucker (Polysaccharide) »komplexe KH«
Dazu zählen (Bezeichnung)	Glucose Fructose Galactose	Rüben- oder Rohrzucker Malzzucker Milchzucker	Zuckergemisch Dextrine	Stärke Glykogen (tierische Stärke)
In diesen Lebensmitteln enthalten	Honig, Früchte, Süßwaren, Getränke, Milch	Haushaltszucker, Marmeladen, Süßigkeiten, süße Erfrischungsgetränke (Limonaden, Cola) Malzbier Milchprodukte	Sportler-Energiegetränke Toast, Knäckebrot, Zwieback	Getreideprodukte (Brot, Müsli), Kartoffeln, Reis, Nudeln, Bananen(!), Hülsenfrüchte Leber
Ernährungsempfehlung	sparsam und mit Bedacht verwenden, »schießen ins Blut« (außer Milchzucker)		Hauptnahrungsmittel (»Kohlenhydrate mit Langzeitwirkung«): vorwiegend Vollkornprodukte wählen (z.B. Mehl Type 1050, Naturreis, Vollkornbrot)	

Der größere Anteil der Kohlenhydrate sollte aus Vielfachzuckern bestehen

Die Ein- und Zweifachzucker »schießen« nach dem Verzehr geradezu ins Blut. Damit ist zwar schnell Energie vorhanden, allerdings von nur kurzer Dauer. Denn als Reaktion auf die »Zuckerschwemme« wird Insulin aus der Bauchspeicheldrüse freigesetzt, das die Zellen für die Aufnahme der Glucose öffnet. Da solche Kohlenhydrate nur Energie, jedoch wenig Vitamine und Mineralstoffe enthalten, sollten Ausdauersportler diese Produkte eher meiden.

Lebensmittel mit komplexeren Kohlenhydraten (Mehrfach- und Vielfachzucker) sickern oder »tropfen« dagegen ins Blut und auch in die Muskeln. Sie bleiben daher über einen langen Zeitraum verfügbar und stellen gleichmäßiger Energie zur Verfügung. Deswegen sollten stärkehaltige Lebensmittel den Speiseplan in einer leistungsfördernden Sportlerernährung beherrschen. Getreideprodukte sowie Kartoffeln, Nudeln und Reis, kombiniert mit Gemüse, sollten mehr als die Hälfte der täglichen Energiezufuhr abdecken. Nebenbei ist diese Kost auch reich an Ballaststoffen. Durch stärkeres Kauen werden die Zähne positiv beansprucht, der Sättigungseffekt steigt, und die Darmtätigkeit wird aktiviert.

Fette – der Dieselkraftstoff

Fette stellen den größten Energiespeicher dar. Wer zuviel davon zu sich nimmt, bekommt im wahrsten Sinne des Wortes »sein Fett ab«. Ihr Brennwert ist mit 9 kcal je Gramm deutlich höher als der von Kohlenhydraten (4 kcal je g). In Form des Speicherfetts im Körper kann man mit 7 kcal pro Gramm rechnen.

Da bei Männern durchschnittlich 15 bis 20 Prozent des Körpers aus Fett besteht – bei Frauen sind es 20 bis 25 Prozent –, ist selbst bei schlanken Menschen ein riesiges Energiedepot vorhanden. So stehen beispielsweise einem Menschen mit 75 kg Körpergewicht in 11 bis 15 kg Fett etwa 11 000 bis 15 000 g x 7 kcal = 77 000 bis 105 000 kcal Energie zur Verfügung. Da täglich kaum mehr als maximal 5 000 bis 6 000 kcal »verbrannt« werden können, bleibt ein schier unerschöpflicher Vorrat.

Aus diesem Grund werden Fette in der modernen Vollwerternährung auch eher sparsam eingebaut. Doch ganz ohne Fett geht es auch nicht. Einerseits sind Fette ein wichtiger Stütz- und Baustoff für den Aufbau zahlreicher Zellen und Zellverbände, zudem Träger von fettlöslichen Vitaminen, für deren Resorption sie benötigt werden. Andererseits kann der Körper die sogenannten ungesättigten Fettsäuren selbst nicht herstellen, weshalb sie in ausreichender Menge mit der Nahrung auf-

Bei niedriger Belastungsintensität sind Fette die wichtigste Energiequelle

Empfehlenswerte Lebensmittel aus der Fettgruppe sind Pflanzenöle mit hohem Gehalt an ungesättigten Fettsäuren und Seefische

genommen werden müssen. Sie werden daher als essentielle Fettsäuren bezeichnet. Die Empfehlung für die Verwendung von Fett in der Sportlerernährung faßt die folgende Tabelle zusammen.

Für die Energieversorgung im Muskel stellen Fette eher einen »Dieselkraftstoff« dar. Da sie langsamer als Kohlenhydrate abgebaut werden, »sickern« sie durch die Brennöfen der Muskelzelle. Sie werden folglich besonders bei langsamen und langdauernden Belastungen verbrannt, sind dann aber nahezu unerschöpflich (siehe Seite 16).

Fettreiche Lebensmittel und Verzehrempfehlung

Merke:
- Fette nur sparsam verwenden;
- Häufig ist Fett gar nicht als Fettklecks oder Speckstreifen sichtbar. Daher auch »versteckte Fette« in Fleisch, Wurst, Milchprodukten (Käse), aber auch Keksen, Schokoladen und Knabbergebäck meiden!
- gesättigte Fette aus (mageren) tierischen Produkten nur 1- bis 2mal pro Woche essen
- ungesättigte Fettsäuren in Form hochwertiger Pflanzenöle regelmäßig in einer Menge von 10–15 g täglich aufnehmen.

empfehlenswert	weniger empfehlenswert	eher meiden
Pflanzenöle mit mehrfach ungesättigten Fettsäuren (z.B. Distel- oder Sonnenblumenöl)	Molkereibutter, Margarine mit hohem Gehalt an mehrfach ungesättigten Fettsäuren	einfache Margarine und Speiseöle, Schmalz, Talg, Plattenfette

Eiweiß – der Bau- und Kraftstoff

Eiweiß – auch Protein genannt – wird vom Körper unter normalen Bedingungen kaum zur Energieproduktion herangezogen. Es dient eher als Bausubstanz für den Zellauf- und -umbau.

Normalerweise ist der Eiweißbedarf durch die übliche Nahrung mit etwa 15 Prozent an der gesamten Energieaufnahme, entsprechend 0,8 bis 1,0 g Eiweiß pro kg Körpergewicht, gut gedeckt. Das gilt – entgegen landläufiger Auffassung – durchaus auch in Phasen eines höheren Eiweißverbrauchs bei Krafttraining oder langen Ausdauerläufen. Wird mehr Eiweiß aufgenommen als »verbaut« werden kann, wird es als Energielieferant abgebaut. Jedoch entstehen beim Eiweißabbau im Unterschied zur Verbrennung der Kohlenhydrate und Fette Rückstände. Da diese über die Nieren ausgeschieden werden müssen, sollte man nicht zu viel Eiweißprodukte verzehren und auf jeden Fall genug trinken.

Hochwertige Eiweißlieferanten sind fettarme Milch (4% Eiweiß) und Milchprodukte (Quark 13 bis 17%; Joghurt 4%; fettarmer Käse), Fisch (16 bis 18%), mageres Fleisch und Geflügel (18 bis 20%) sowie Eier (10%). Auch pflanzliche Lebensmittel, wie Getreideprodukte (10 bis 12%), Nüsse (15%, aber fettreich!), Hülsenfrüchte (20 bis 22%!) sowie Kartoffeln und Gemüse (2 bis 3%) sind wertvolle Eiweißlieferanten.

Jedes vorgenannte Nahrungsmittel für sich allein gesehen ist für den Aufbau von körpereigenem Eiweiß wertvoll. Kombinationen bestimmter Nahrungsmittel miteinander sind noch wertvoller, da sie den Körper mit einer optimalen Zusammensetzung von Aminosäuren versorgen. Ein gutes Beispiel dafür sind Gerichte aus Kartoffeln und Ei. Im Gegensatz zum Fleisch beinhalten pflanzliche Eiweißprodukte keine unerwünschten Begleitstoffe, wie Purine und Cholesterin, welche in zu großer Menge verzehrt bei entsprechender Veranlagung zu gesundheitlichen Problemen führen können.

Kartoffeln und Eier versorgen in einer Mahlzeit den Körper optimal mit Aminosäuren, den Bausteinen des Eiweiß

Frisches Gemüse, Salate und natürlich Obst sind wichtige Vitaminquellen, bringen Abwechslung und verhindern Mangelerscheinungen

Vitamine und Mineralstoffe – die Schutz- und Reglersubstanzen

Lebensnotwendige Schutz- und Reglersubstanzen für den Stoffwechsel – das sind Vitamine und Mineralstoffe. In fast allen Lebensmitteln sind sie enthalten. Bei ausgewogener, vollwertiger Ernährung kann es daher kaum zu einer Mangelversorgung mit ihnen kommen.

Allerdings sind Vitamine licht-, luft- und wärmeempfindlich. Deswegen die Empfehlung: frische, abwechslungsreiche und schonend zubereitete Lebensmittel (kein langes Garen, keine zu starke Zerkleinerung von z.B. Gemüse und Salat, keine langen Lagerzeiten) bevorzugen, damit kein Mangel entsteht. Wer sich an die Empfehlungen zu den Hauptnährstoffen hält, also bedarfsangepaßt regelmäßig Vollkornprodukte, Kartoffeln, Gemüse, Salate und Obst, Milchprodukte sowie gelegentlich Fisch und Fleisch verzehrt und ausreichend trinkt, kann auf zusätzliche Vitamin- und Mineralstoffpräparate getrost verzichten. Bei ausreichender Versorgung wird der Überschuß – zumindest der wasserlöslichen Vitamine – ohnehin »auf natürlichem Wege« ausgeschieden.

Sportlergetränke, damit der »Saft« nicht ausgeht

Ohne Flüssigkeit läuft in unserem Stoffwechsel nichts. Unser Körper besteht zu etwa 60 Prozent aus Wasser. Es dient dem Körper als Lösungs- und Transportmittel für alle wasserlöslichen Stoffe und ist darüber hinaus wesentlich an der Wärmeregulation beteiligt. Wenn Wasser im Schweiß an der Körperoberfläche verdunstet, wird die Körpertemperatur gesenkt und der Körper so vor Überhitzung geschützt.

Durch Schweiß und durch die Ausscheidung über den Darm und die Nieren verliert unser Organismus täglich etwa 2,5 Liter Flüssigkeit. Je intensiver ein Sportler sich bewegt und je höher die Außentemperatur, desto größer der Schweißverlust – bei Maximalbelastungen bis zu 3 Liter in der Stunde.
Natürlich muß der Verbrauch beziehungsweise der Verlust von Flüssigkeit mit deren Aufnahme im Gleichgewicht stehen. Flüssigkeitsdefizite dürfen gar nicht erst entstehen. Daher sollte die wichtigste »Trinkregel« beachtet werden.
Mehr als 1 Liter Flüssigkeit pro Stunde kann der Magen jedoch nicht aufnehmen und an den Darm weitergeben – gleichgültig wie hoch der Schweißverlust ist.

Trinkregel für Sportler

Häufig kleine Mengen von 0,1 bis 0,2 Liter vorbeugend, sowie auch während und nach dem Sport trinken. Wer erst trinkt, wenn sich ein Durstgefühl einstellt, trinkt zu spät!

Mineralwasser, mit Apfel- oder Orangensaft gemischt, ist nicht nur ein guter Durstlöscher, sondern er gleicht den Flüssigkeits- und Mineralstoffverlust auch optimal aus

Verteilung der Mahlzeiten im Tagesverlauf (Beispiel: 2500 kcal)

Mahlzeit	Energiemenge	Beispiel
1. Frühstück	(25%), ca. 600 kcal	1 Müsli (Getreide, Obst, Milch) und 2 Scheiben Brot mit Belag (Butter, Honig, Schinken), 1 Apfel; Kaffee/Tee (wenig gesüßt)
2. Zwischenmahlzeit	(10%), ca. 250 kcal	Bananenshake (200 ml Milch, Banane) oder 150 g Fruchtquark und 150 ml Orangensaft
3. Mittagessen	(30%), ca. 800 kcal	150 g Fleisch (Hähnchen, Pute, Rind, Kalb) und 250 g Blumenkohl (Brokkoli) und 6 gehäufte EL Reis (Nudeln) und 4 TL Butter (Margarine) für die Zubereitung; Mineralwasser/Fruchtsaft (Kalorien!)
4. Zwischenmahlzeit	(10%), ca. 250 kcal	Salat: 3 Möhren, 1 großer Apfel und Dressing (150 g Magerjoghurt und 3 EL Haferflocken) oder $^1/_2$ Kopf Blattsalat, 1 Salatgurke und Dressing (2 EL saure Sahne mit 10 % Fett, 1 EL Zitronensaft, geröstete Brotwürfel, Gewürze); Mineralwasser/Fruchtsaft (Kalorien!)
5. Abendessen	(25%), ca. 600 kcal	(aus 1-4 auswählen)

An Sporttagen entsprechend mehr Kalorien aufnehmen.

Es ist gesünder, die Nahrung auf mehrere Mahlzeiten am Tag zu verteilen. Zwischenmahlzeiten können beispielsweise Obst oder Joghurt sein

Da mit der Flüssigkeit, besonders im Schweiß, auch größere Mengen wertvoller Mineralien verlorengehen, darf ein Sportgetränk aber nicht nur reines Wasser enthalten. Auch ein ausreichender Ersatz verlorener Mineralien muß garantiert sein. Daher sollten in einem Sportlergetränk vor allem enthalten sein:

- Kalium (mehr als $^1/_{10}$ des Natriumgehalts)
- Magnesium (mehr als 100 mg pro Liter)
- Kalzium (mehr als $^1/_3$ des Magnesiumgehalts)

»Salz«, in Form von Natriumchlorid (Kochsalz), in unserer Nahrung ohnehin ausreichend vorhanden, muß dagegen nur in der üblichen Konzentration von 0,2 bis 0,5 g pro Liter in einem Getränk vorkommen, da es dann die Wasseraufnahme in den Darm beschleunigt.

Das ideale Sportlergetränk für die meisten Sporttreibenden ist eine Mischung aus magnesium- und kaliumreichem Mineralwasser mit Fruchtsaft im Verhältnis von 3:1. Das entspricht annähernd einem »isotonischen Durstlöscher« (isoton = Anteil fester Stoffe in der Trinkflüssigkeit entspricht dem Anteil der festen Stoffe im Blut).

Dauert eine Belastung allerdings deutlich länger als 60 Minuten, so sollten zusätzlich geringe Mengen Kohlenhydrate aufgenommen werden. Das kann in fester Form geschehen, zum Beispiel durch Bananen-Happen, aber auch mit dem Getränk. Diesem können dann pro Liter 40 bis 80 Gramm Traubenzucker, oder besser Dextrose, zugefügt werden. Allerdings verweilt ein Getränk um so länger im Magen, je mehr gelöste Teilchen (Zucker, Mineralien) darin enthalten sind, so daß die Flüssigkeit erst später in den Darm und von dort ins Blut aufgenommen werden kann.

Tips für die Praxis einer gesunden Sportlerernährung

Die Zusammenstellung von Lebensmitteln aus dem Ernährungskreis garantiert eine bedarfsangepaßte, vollwertige und schmackhafte Ernährung. Im Laufe eines normalen Tages sollte sich die aufgenommene Nahrungsmenge auf mehrere Mahlzeiten verteilen (siehe Tabelle). Der Tagesplan auf Seite 106 zeigt beispielhaft eine vollwertige, bedarfsangepaßte, kohlenhydratreiche Ernährung.

Um Genaueres über den Energiegehalt der aufgenommenen Lebensmittel zu erfahren, sollte man sich eine Nährwertbroschüre oder Kalorientabelle zulegen. Als grobe Orientierung reichen aber die bisherigen Empfehlungen aus (siehe Ernährungskreis). Sie sind gleichzeitig ein Plädoyer für eine abwechslungsreiche Mischkost. Denn kein Lebensmittel allein enthält alle lebenswichtigen Nährstoffe. Folglich ist auch ein Nahrungsmittel oder ein Ernährungsstil allein nicht gesund oder ungesund, sondern nur das Zuviel oder Zuwenig oder die einseitige Auswahl von Nahrungsmitteln. Und viele Ängste, das eine oder andere Produkt sei gefährlich, sind unbegründet.

Stimmt die Zusammenstellung der Lebensmittel, dann sollten auch Zubereitung und Verzehr dazu passen. Essen und Trinken sollten bewußt wahrgenommene, sinnliche Vergnügungen sein. Wer nur hastig ißt, ohne sich Zeit dafür zu nehmen, dem entgehen wesentliche Geschmacks- und Sinnengenüsse. Und außerdem weiß es auch der Volksmund: »Gut gekaut ist halb verdaut«.

Vorbeugen ist besser als heilen! Daher ist der beste Schutz vor Verletzungen und Problemen beim Laufen sorgfältiges Training und gezielte Vorbereitung auf den Wettkampf. Und im Wettkampf: »cool« bleiben! – Für den Fall, daß es dann dennoch einmal nicht so läuft, gibt es bewährte Tips

Typische Probleme und Risiken beim Laufen

Vernünftiges Lauftraining verbessert die Gesundheit, macht leistungsfähiger und belastbarer und steigert das Wohlbefinden. Doch so sinnvoll Laufen auch sein mag – kleine Wehwehchen, aber auch größere Beschwerden und Überlastungen durch Übereifer, sind nicht immer auszuschließen. Was aber tun, wenn es zwickt oder wenn es einmal nicht so läuft? Und was ist zu empfehlen, wenn äußere Bedingungen wie große Hitze oder extreme Kälte, hohe Smog- oder Ozonwerte vorliegen oder auch allergische Überempfindlichkeit?

Laufbeschwerden

Auch bei vermeintlich sorgfältigster Planung und Durchführung des Trainings lassen sich kleine Wehwehchen, aber auch ernsthaftere, typische Läuferbeschwerden nicht immer vermeiden.
Was ist die Ursache, und was kann man tun, wenn es einmal nicht so läuft?

Seitenstechen

Ursache

Ein Grund für Seitenstechen, dieses unangenehme Zwicken unter dem Rippenbogen, kann eine Mahlzeit kurz vor dem Training sein. Die Belastung ruft ein Zerren der gefüllten Bauchorgane an ihren Aufhängungen hervor. Eventuell können auch Blähungen aufgetreten sein. Ebenso wird die belastungsbedingte Dehnung der Kapsel von Leber und Milz durch vermehrten Blutrückstrom als Ursache genannt.
Gerade bei Anfängern ist es oft auch das zu hohe Anfangstempo, was die früh auftretenden Seitenstiche hervorruft. Vermutlich ist das Zwerchfell dann noch nicht genug durchblutet und zwickt.

Vorbeugung und Behandlung

Im ersten Fall hilft es, die Grundregeln der Ernährung vor dem Sport zu beachten: keine große Nahrungsaufnahme unmittelbar vor dem Sport, letzte große Mahlzeit mindestens zwei Stunden vor dem Training, nur bekömmliche und leicht verdauliche Lebensmittel essen, auf ausreichenden Flüssigkeitsersatz achten.
Im zweiten Fall sollte man vor allem auf eine allmähliche Belastungssteigerung innerhalb einer umfassenden Aufwärmung achten.

Schmerzen sind Warnsignale des Körpers: daher auf keinen Fall »in den Schmerz hinein« laufen

Muskelkater

Welcher Läufer kennt das nicht? Am Tag nach einem erschöpfenden Training Zwicken und Zwacken an allen Stellen – Bewegung ist nur unter Schmerzen möglich: Muskelkater pur.

Ursache
Entgegen immer noch verbreiteter Auffassung entsteht Muskelkater nicht durch zuviel Milchsäure (Laktat), sondern durch kleinste Verletzungen (Mikrotraumen) in der Muskulatur. Diese treten bei ungewohnt hohen, schlecht koordinierten Belastungen auf, häufig in ermüdetem Zustand.

Vorbeugung
Ein planmäßig aufgebautes Training unter Ausschluß von Überlastungen stellt den sichersten Schutz vor Muskelkater dar.

Behandlung
Muskelkater bedeutet kleinste Muskelverletzungen. Da jedoch das akute Stadium bereits mehrere Stunden zurückliegt, helfen jetzt durchblutungsfördernde Maßnahmen: sehr leichtes Training, Warm- und Wechselbäder, Saunabesuch, jedoch keinesfalls intensivere Massagen.

Kniescheiben-Beschwerden

Beschwerden an und unterhalb der Kniescheibe zählen zu den häufigsten Problemen bei Langläufern.

Ursache
Die Ursache dieser Beschwerden ist eine Überlastung. Sie entsteht durch zu hohen Druck hinter der Kniescheibe. Die Kniescheibe ist in die Kniestreckersehne (Patellarsehne) eingeschlossen, in die die vorderen Oberschenkelmuskeln (Quadriceps femoris) münden. Sind diese Muskeln verhärtet und ihre Kraft im Verhältnis zu den Beugemuskeln (Gegenspieler) auf der Oberschenkelrückseite zu groß, so führt die hohe Druckbelastung zu einer Reizung, zum Teil sogar Schädigung des Kniescheibenknorpels. Als Folge davon treten Schmerzen auf.

Vorbeugung
Die beste Vorbeugung ist ein ausgewogenes Training. In diesem speziellen Fall heißt das: mehrfache und längere Dehnung der vorderen und Kräftigung der hinteren Oberschenkelmuskeln (siehe Seite 86 ff.).

Behandlung
Schmerzen sind Warnsignale des Körpers. Die Belastung in jedem Fall reduzieren, unter Umständen eine Trainingspause einlegen. Falls keine Linderung eintritt, einen Arzt konsultieren und gegebenenfalls physiotherapeutische Behandlung (Eis, Ultraschall, Krankengymnastik). Wenn ohne Schmerzen möglich, Alternativbelastungen durchführen, (Schwimmen: Kraul, Rücken); Training an Fitneßgeräten, aber nicht »in den Schmerz«.

Schmerzen an der Schienbeinkante

Neben Achillessehnenproblemen und Kniescheiben-Beschwerden zählen Schmerzen an der Schienbeinkante (shin-splints oder Kompartment-Syndrom) zu den häufigsten Überlastungsproblemen bei Läufern.

Ursache
Jedes Aufsetzen des Fußes – vor allem bei extremem Fersenlaufstil – führt zu hoher exzentrischer Belastung (Dehnung bei gleichzeitiger Anspannung) der vorderen Schienbeinmuskeln.

Vorbeugung und Behandlung
Regelmäßige Dehnung der Schienbeinmuskulatur ist der beste Überlastungsschutz. Außerdem hilft behutsame Belastungssteigerung und -variation. Bei akuten Schmerzen: siehe Kniescheiben-Beschwerden.

Achillessehnen-Reizungen

Viele Läufer klagen im Laufe des Trainingsjahres über Achillessehnenprobleme.

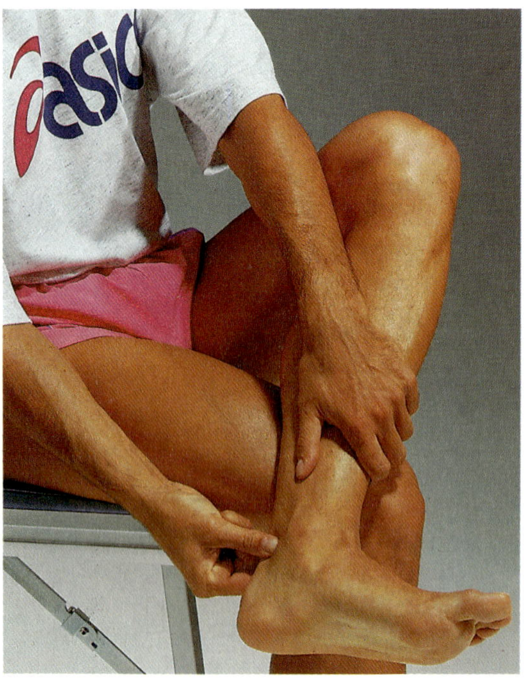

Ursache
Achillessehnen-Reizungen sind Folge einer Überbelastung. Sie kann durch Trainingsperioden mit hohem Trainingsumfang oder durch ungewohnte sowie häufige, unkontrollierte Bewegungen, wie etwa beim Laufen im Sand, entstehen. Häufig ist die Wadenmuskulatur nicht elastisch genug, um die Belastungen abzufedern.

Vorbeugung
Regelmäßige Dehnung der beiden Anteile der Wadenmuskulatur ist der beste Überlastungsschutz (siehe Seite 93). Außerdem hilft behutsame Belastungssteigerung und -variation.

Behandlung
Bei anhaltenden Reizungen: siehe Kniescheiben-Beschwerden.

Bänderdehnung oder -riß im Sprunggelenk

Häufigste Verletzung bei Laufen auf unebenen Böden: Verstauchung (Distorsion) des Sprunggelenks mit Bänderdehnung oder -riß.

Kühlung als Erste Hilfe bei einer Bänderdehnung

Ursache

Das Umknicken des Fußes beim Aufsetzen ist Ursache für Bänderverletzungen im Sprunggelenk. Das Umknicken kann durch unebenen Untergrund bedingt sein. Häufig aber liegt auch eine mentale Müdigkeit oder Unachtsamkeit vor, die besonders am Ende des Trainings im Zustand starker körperlicher Erschöpfung oder in Phasen zu intensiven Trainings (Übertraining) vorkommt.

Vorbeugung

Regelmäßige Kräftigung der Unterschenkelmuskeln (Schienbein, Waden- und Fußmuskulatur) ist der beste Überlastungsschutz (Übungen siehe Seite 87 ff.). Außerdem sollten Sie zu starke Ermüdung und Übertraining vermeiden. Anfällige Läufer können vorübergehend Gelenkstützen, Bandagen oder höhere Schuhe tragen.

Behandlung

Erste Hilfe beim akuten Fall (Belastungsabbruch): Entlasten/Hochlagern, Kühlen/Physiotherapie, Kompressionsverband gegen Schwellung. Danach Abklärung beim Arzt (konservative Behandlung oder unter Umständen weitere ärztliche Maßnahmen).

Blasen

Blasen sind unangenehme, aber zumeist vermeidbare Begleiterscheinungen beim Laufen.

Ursache
Durch Verschieben der Hautschichten unter Belastung sammelt sich Gewebeflüssigkeit an, bei Gefäßverletzungen auch Blut. Die Folge davon sind Blasen.

Vorbeugung
Das wichtigste sind druckfreie, passende Schuhe. Neue Schuhe daher unbedingt zunächst allmählich einlaufen und mögliche Druckstellen vor Belastung mit Hirschtalg einreiben. Ebenfalls wichtig sind passende, faltenfreie und saubere Strümpfe sowie sorgfältige Fußhygiene.

Behandlung
Größere Blasen möglichst intakt lassen, da sie so vor Infektionen geschützt sind. Unter Umständen einen Schaumgummiring um die Blase legen, um sie vorübergehend zu entlasten.
Kleinere Wasserblasen selbst behandeln: mit desinfizierter Nadel an den Außenbezirken einstechen, damit Flüssigkeit abläuft. Sind Blasen geöffnet, dann sorgfältig reinigen und antiseptisch behandeln (jodhaltige Lösung, sterile Auflage). Eventuell bis zum Abklingen der Beschwerden Alternativsportarten betreiben.

Muskelzerrungen und -risse

Zum Glück kommt es beim Laufen nur recht selten zu Muskelzerrungen oder schlimmstenfalls zu -rissen. Eine kontrollierte Laufbewegung führt eher zu Überlastungen als zu akuten Muskelverletzungen. Intensives Aufwärmen reduziert das Risiko.

Ursache
Zerrungen wie Risse treten auf, wenn Muskeln übermäßig beansprucht werden. Im Augenblick der Verletzung kommt es zu einem scharfen, stechenden Schmerz, der sich wiederholt, wenn man den betroffenen Muskel erneut belastet. Ursache ist zumindest eine Muskelüberdehnung, meist aber das Zerreißen weniger Muskelfasern (Zerrung), mehrerer Fasern (Faserriß) oder ganzer Faserbündel (Muskelriß).

Behandlung
Siehe Bänderdehnung/-riß (siehe Seite 113)

Muskelkrämpfe

Muskelkrämpfe erlebt fast jeder Läufer einmal während anstrengender Trainingseinheiten, besonders bei großer Hitze.

Vorbeugung
Eine sorgfältige Aufwärmung, eine gute Allgemeinbefindlichkeit, passende Kleidungsstücke und ausreichende Flüssigkeitsaufnahme sind die besten Vorbeugemaßnahmen.

Ursache
Häufig kommt ein starker Verlust an Flüssigkeit (Dehydratation) und damit einhergehend ein Defizit an Mineralien (Elektrolyten) als Ursache in Frage.
Vor allem Magnesium und Kalium werden bei starkem Schwitzen vermehrt ausgeschieden. Sicher können auch kleinste Verletzungen der Muskulatur aufgrund von Überanstrengung oder Durchblutungsstörungen (zu enge Socken oder Schuhe und als Folge geschwollene Füße) eine Rolle spielen.

Behandlung
Im akuten Fall sofort die Belastung unterbrechen und die verkrampften Muskeln vorsichtig dehnen, möglichst durch Anspannen des Gegenmuskels.

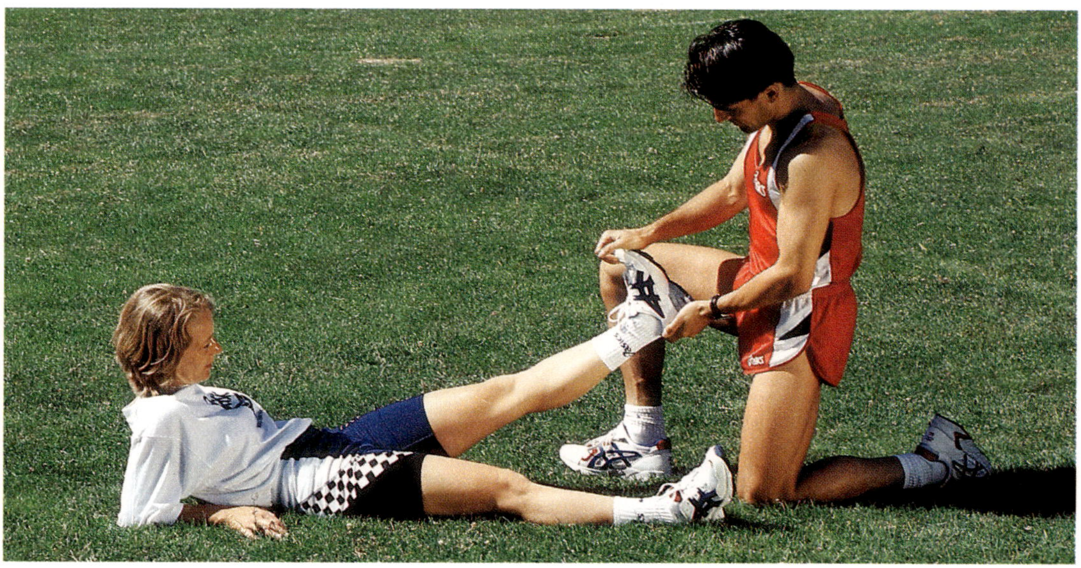

Vorbeugen ist besser als Heilen

Wie bei jeder anderen Sportart gilt auch für das Laufen: Vorbeugung ist der beste Schutz vor Überlastungsschäden und Verletzungen.
An erster Stelle steht die realistische Einschätzung der eigenen Leistungsfähigkeit und die Wahl der dazu passenden Trainings- und Wettkampfbelastung. Informationen zur Umsetzung dieser Forderung enthält das Kapitel »Trainingsplanung« (Seite 52 bis 79).
Als nächstes folgt die Empfehlung, nur gutes, individuell passendes Schuhwerk zu tragen. Das gilt vor allem für denjenigen, der regelmäßig mehr als zweimal wöchentlich mehr als 15 bis 20 Minuten läuft. Tips dazu und zur entsprechenden Kleidung finden Sie auf den Seiten 30 bis 41.
Bekanntlich sind viele Überlastungen durch abwechslungsreiches Training und regelmäßige Dehn- und Kräftigungsübungen zu vermeiden. Wie sie ausgewählt und durchgeführt werden, erfahren Sie auf den Seiten 85 bis 93.
Übertreibungen schaden. Reduzieren Sie daher bei extremen Bedingungen ihr Laufpensum oder ersetzen es durch Alternativsportarten. Beachten Sie dazu die Empfehlungen auf den Seiten 117 bis 121 und in der folgenden Zusammenfassung.

Tips zur Vermeidung von Überbelastungen

Laufpensum reduzieren

- *bei großer Hitze (über 28 Grad Celsius)*
- *bei großer Kälte (unter minus 10 Grad Celsius)*
- *bei hoher Luftfeuchtigkeit (über 80 bis 85%)*
- *bei Zeitmangel, Schlafdefizit, vorherigem Alkoholkonsum usw.*

Laufpensum unterbrechen oder beenden

- *bei Auftreten von unangenehmer Müdigkeit im Training*
- *bei starker Rötung oder Blässe, vor allem im Bereich des Mund-Nasen-Dreiecks, eventuell auch bläuliche Lippen*
- *bei anhaltend forcierter, keuchender Atmung oder Atemnot*
- *beim Auftreten von Schmerzen in den Gelenken, Muskeln oder über dem Brustbein*
- *bei ungewohnten Reaktionen, wie übermäßiges Schwitzen, Schwindelgefühl (meistens Blutdruckabfall, dann hinlegen und Beine hoch oder Gehpause einlegen)*
- *Etwaige weitere Einschränkungen siehe Seite 27 ff.*

Laufen unter extremen Bedingungen

Laufen bei Hitze

Beim Laufen wird nur ein Viertel der durch die Muskelarbeit erzeugten Energie für die Laufbewegung genutzt. Die restliche Energie fällt als Wärme an und muß nach außen abgegeben werden, um eine Erhöhung der Körperkerntemperatur zu vermeiden. Der effektivste Weg des Körpers, diesen Temperaturausgleich durchzuführen, ist die Verdunstung von Schweiß.

Während dies beim Laufen bei »normalen« oder kühleren Temperaturen unproblematisch, ja manchmal sogar angenehm ist, wird bei heißem Wetter und hoher Luftfeuchtigkeit zwar viel Schweiß produziert, der jedoch nur sehr schlecht verdunstet. Die Folge ist nicht nur ein hoher Flüssigkeits- sondern auch ein Elektrolytverlust des Körpers, der sich leistungsmindernd auswirkt und sogar zu gefährlichen Hitzeschäden führen kann. Treten Symptome wie Kopfschmerzen, Schwindel oder Übelkeit auf, ist es besser, die Trainingseinheit abzubrechen.

Weitere wichtige Vorsorgemaßnahmen, beispielsweise eine ausreichende Flüssigkeitsaufnahme (siehe Seite 104), können das Risiko eines Hitzeschadens verringeren, so daß man auf das Laufen auch an heißen Sommertagen nicht verzichten muß. Bedenken Sie aber, daß der Körper bei Hitze einige Tage Zeit braucht, um sich an die extremen Bedingungen zu gewöhnen.

Tips für das Training bei heißen Temperaturen

- *Verlegen Sie Ihr Training in die frühen Morgen- oder Abendstunden*
- *Trainieren Sie möglichst im schattigen Wald*
- *Schützen Sie Ihre Haut mit Sonnencreme, besonders das Gesicht, die Ohren, den Hals und die Schultern*
- *Tragen Sie leichte, sommerliche Laufbekleidung*
- *Sorgen Sie für eine ausreichende Flüssigkeitsaufnahme*
- *Drosseln Sie Ihr Lauftempo*

Hitzeschaden	Ursache	Frühsymptome	Sofortmaßnahmen
Sonnenbrand	Übermäßige Sonnenbestrahlung	Schmerzhafte Hautrötung, Brennen	Sonne meiden, Schatten aufsuchen, spezielle Salben auftragen
Sonnenstich	Intensive Sonnenbestrahlung des Kopfes	Kopfschmerzen; Schwindel, Übelkeit, Brechreiz, erhöhter Puls, Gesichtsröte	Flachlagerung im Schatten mit erhöhtem Kopf, Kühlen mit feuchten Tüchern, Flüssigkeitsaufnahme, Arzt aufsuchen
Hitzekrämpfe	Starker Kochsalzverlust durch Schwitzen	Mattigkeit, Kopfschmerzen, psychische Reizbarkeit, Brechreiz, Krämpfe	Ruhepause im Schatten, erhöhte Flüssigkeitsaufnahme, Arzt aufsuchen
Hitzekollaps	Mangelhafter Rückstrom des venösen Blutes zum Herzen mit Versagen des peripheren Kreislaufs	Kopfschmerzen, Schwindel, Flimmern vor den Augen, Übelkeit, Erbrechen, Schwäche, beschleunigte Atmung und erhöhter Puls, blasse Haut, kalter Schweiß, evtl. Bewußtlosigkeit	Flachlagerung im Schatten mit erhöhten Beinen, wenn möglich Flüssigkeitsaufnahme, Arzt aufsuchen
Hitzschlag	Erhöhung der Körperkerntemperatur als Folge eines Wärmestaus	Schwindel, Übelkeit, Durst, Erbrechen, Kopfschmerzen, erhöhter Puls, erhöhte Körpertemperatur, Bewußtlosigkeit	Flachlagerung mit erhöhtem Kopf im Schatten, kalte Umschläge auf den Kopf, Kleidung entfernen, Behandlung im Krankenhaus

Laufen und Zecken

Vom Frühjahr bis zum Spätherbst besteht bei Läufern, die überwiegend im Wald trainieren, ein gewisses Risiko, von einer Zecke gestochen zu werden. Dieser zu den Milben (Spinnentiere) zählende Parasit, im Volksmund auch Holzbock genannt, lauert in dieser Zeit vor allem im Unterholz lichter Wälder, aber auch an Waldrändern, in Sträuchern, Büschen und hohen Gräsern auf »Beute«. Durch Körperausdünstungen angeregt, lassen sich Zecken auf ihr Opfer – Tier oder Mensch – »fallen«, das heißt, man streift sie meist im Vorübergehen ab. Dann suchen sie sich eine feuchtwarme Körperstelle mit unverhornter, zarter Haut, graben ihren Rüssel ein und saugen – nicht selten unbemerkt – Blut.

Beim Stich können Holzböcke Allergien auslösen. Schwerwiegender ist jedoch, daß infizierte Zecken zum einen die durch Bakterien (Borrelien) hervorgerufene Borreliose übertragen können, zum anderen die durch einen Virus verursachte Frühsommer-Hirnhautentzündung (Frühsommer-Meningo-Enzephalitis = FSME). Natürlich führt längst nicht jeder Zeckenstich zur Infektion. Während die Borreliose nahezu in ganz Deutschland auftritt, wird die FSME nur von Zecken in bestimmten Regionen übertragen. Verläßliche Auskunft erhalten Sie von den zuständigen Gesundheitsämtern oder von Ihrem Arzt. Ein Problem für Ärzte: Die Krankheitszeichen beider Erkrankungen werden häufig gar nicht oder verspätet mit einem Zeckenstich in Verbindung gebracht; die richtige Diagnose ist oft schwierig, weil die Symptome denen anderer Krankheiten ähnlich sind, zum Beispiel die der FSME einer Grippe.

Zeckenschutz

- *Streifen Sie nicht durch Gebüsch und Unterholz. Bleiben Sie auf den angelegten Wegen*
- *Bedecken Sie im Wald prinzipiell soviel Haut wie möglich. Tragen Sie helle, enganliegende Laufbekleidung mit langen Ärmeln und Hosenbeinen sowie eine Kopfbedeckung*
- *Tragen Sie insektenabwehrende Mittel (sogenannte Repellents) auf*
- *Schütteln Sie nach dem Laufen im Wald Ihre Kleidung gut aus und suchen Sie Ihren Körper gründlich nach Zecken ab*
- *Sprechen Sie mit Ihrem Arzt über Nutzen und Risiko einer Immunisierung*

Maßnahmen bei einem Zeckenstich

- *Zecke mittels einer schmalen Pinzette (oder einer speziellen Zecken-Pinzette) sofort entfernen. Dazu die Zecke am Hinterleib fassen und gerade nach oben aus der Haut ziehen*
  Wichtig: Zecke nie zerquetschen!
- *Zur Sicherheit sollten Sie nach einem Zeckenstich einen Arzt aufsuchen*

Laufen und Ozon

Ozon ist ein aggressives, farbloses Gas, das permanent in der Atmosphäre gebildet wird. In 10 bis 40 Kilometer Höhe, in der Stratosphäre, umgibt es als Schutzschild die Erde. Dort absorbiert es die kurzwelligen, hautschädlichen UV-Strahlen und setzt sie in Wärme um.
Ozon entsteht aber auch in bodennahen Luftschichten unter Sonneneinstrahlung aus Stickoxiden und Kohlenwasserstoffen. Hier verursacht es den sogenannten Sommersmog mit möglichen schädlichen Auswirkungen auf die Menschen, die Tier- und Pflanzenwelt.
Unter normalen Umständen ist Ozon mit einer Konzentration von circa 20 µg pro Kubikmeter in der Luft vorhanden. Unter starker Sonneneinstrahlung steigt diese jedoch häufig auf höhere Werte.
Bei zu hohen Konzentrationen leiden wir, insbesondere Kinder und Asthmatiker, unter Augenreizungen und Atembeschwerden.
Die aufgenommene Ozonkonzentration hängt von der Menge der eingeatmeten Luft und daher von Belastungsumfang und -dauer ab. Der Grenzbereich der Ozonkonzentration für längere Läufe liegt bei 160 µg bis 200 µg pro Kubikmeter, dann sollten Sie auf das Training verzichten. Die höchsten Werte werden zwischen 12 und 18 Uhr erreicht. Daher sollten Sie – außerhalb dieser Zeiten – am frühen Morgen oder am Abend laufen und direkte Sonneneinstrahlung vermeiden, denn im Schatten ist die Ozonkonzentration geringer.

Reizsymptome bei Ozon

- brennende Augen
- tränende Augen
- Husten
- Atemnot
- Brustkorbbeschwerden
- Kopfschmerzen
- Übelkeit

Laufen und Smog

Häufig sind hohe Ozonwerte mit einer erhöhten Schadstoffkonzentration in der Luft verbunden. Kommt es zu einer starken Anreicherung von Verbrennungsprodukten, beispielsweise Kohlendioxid, Schwefel- und Stickoxide, so bezeichnet man diesen Zustand auch als Smog. Während die Temperatur normalerweise mit zunehmender Höhe je 100 Meter um circa ein Grad abnimmt, ist Smog häufig das Resultat einer Inversionswetterlage. Bei ihr überlagert eine wärmere, höherliegende Luftschicht bodennahe Kaltluft. Da es sich hierbei um eine stabile Luftschichtung mit nur geringer Luftbewegung handelt, wird das Aufsteigen der bodennahen, kalten Luft blockiert. Die Schadstoffbelastung bleibt somit, vor allem in größeren Ballungsgebieten, längere Zeit deutlich erhöht. Sie führt zu Reizungen der Atemwege und kann bei sehr hohen Konzentrationen toxisch wirken. Besonders empfindlich reagieren Menschen mit Herzkreislauferkrankungen, Asthmatiker, Kinder und ältere Menschen.

Beim Laufen werden durch die verstärkte Atmung auch mehr Schadstoffe aus der Luft aufgenommen. Deswegen sollten Sie Bereiche mit hohen Abgasbelastungen, zum Beispiel Industriegebiete oder Innenstädte, meiden sowie im Schatten und frühmorgens oder abends laufen.

Laufen in der Höhe

In zunehmender Höhe wird die Luftdichte und verbunden damit der Sauerstoffpartialdruck geringer. Das Sauerstoffangebot in der Luft ist also niedriger. Daher muß das Herz bei einer vergleichbaren Laufbelastung in der Höhe mehr arbeiten, um den Sauerstoffbedarf der Muskulatur abzudecken. Nach einiger Zeit paßt sich der Kreislauf an die Höhe an und kompensiert das niedrigere Sauerstoffangebot der Luft durch eine Erhöhung des roten Blutfarbstoffs, der eine wichtige Rolle beim Transport des Sauerstoffs spielt (siehe Seite 12 ff.).

Bei einem Aufenthalt in den Bergen müssen Sie bedenken, daß schon die Höhe eine Belastung für das Herz-Kreislaufsystem darstellt. Daher darf die Laufbelastung nicht gleich wie gewohnt fortgesetzt, sondern muß vorsichtig aufgebaut werden. Dies kann bedeuten, daß Sie in den ersten Tagen mit Wanderungen und lockerem Laufen beginnen.

Während Ihres Aufenthalts in den Bergen sollten Sie ausreichend trinken, denn der Flüssigkeitsverlust ist in der Höhe größer.

Laufen und Kälte

In unseren Breiten gibt es kaum Tage, an denen man nicht laufen kann. Auch Temperaturen unter null Grad Celsius sind hier kein Hinderungsgrund. Warme Kleidung, Mütze und Handschuhe sind jedoch dringend erforderlich. Mehrere dünne Kleidungsstücke übereinander wärmen durch die dazwischen liegenden Luftschichten am besten.

Das Lauftempo sollten Sie nicht zu schnell wählen und möglichst durch die Nase atmen, damit die Luft vorgewärmt wird und die Atemwege nicht so gereizt werden.

Günstig ist es, das Lauftraining an einem Stück zu absolvieren, und längere Pausen, in denen man auskühlen kann, zu vermeiden. Zum Schutz vor Erkältungen ist es außerdem sinnvoll, die verschwitzte Kleidung im Anschluß an den Lauf sofort zu wechseln.

Bei Frost muß man daran denken, daß es auch mal glatt werden kann. Passen Sie Ihre Geschwindigkeit daher diesen Bedingungen an.

Laufen bei Dunkelheit

Vor dem Winter lohnt es sich, einige Zeit und Mühe darauf zu verwenden, auch für die Dunkelheit geeignete Trainingsstrecken zu suchen. Häufig läßt es sich nicht vermeiden, daß es während des Laufens noch oder schon wieder dunkel ist. Günstig ist es, wenn Sie dann auf befestigten und beleuchteten Wegen laufen können, um die Gefahr einer Verletzung möglichst gering zu halten. Ein Sportplatz aus Asche oder asphaltierte Wirtschaftswege sind gleichfalls geeignete Alternativen. Muß das Training auf die Straße verlegt werden, so sind helle Kleidung und Leuchtstreifen oder -westen obligatorisch. Eine Taschenlampe oder Blinkleuchte helfen zusätzlich, Autofahrer auf sich aufmerksam zu machen.

Laufen mit Heuschnupfen

Wenn im Frühjahr die ersten Pollen durch die Luft fliegen, beginnt für viele Menschen eine Leidenszeit. Eine Überreaktion ihres Immunsystems bewirkt lästige Symptome wie Niesen, Augentränen, Schnupfen und eventuell auch Atemnot. Durch einen Allergietest können Sie herausfinden, auf welche Pollen Sie besonders stark reagieren.
Sprechen Sie mit Ihrem Arzt über die Möglichkeit einer Desensibilisierung. Bei dieser Therapie werden Ihnen über einen längeren Zeitraum steigende Dosen Ihrer Pollen verabreicht. Auf diese Weise gewöhnt sich Ihr Immunsystem an diese Stoffe.

Versuchen Sie, möglichst solche Trainingsgebiete zu meiden, in denen »Ihre« Pflanzen anzutreffen sind. Ist dies nicht möglich, dann sollten Sie Ihr Training für den entsprechenden Zeitraum in geschlossene Räume, zum Beispiel in Turnhallen oder Fitneß-Center verlegen

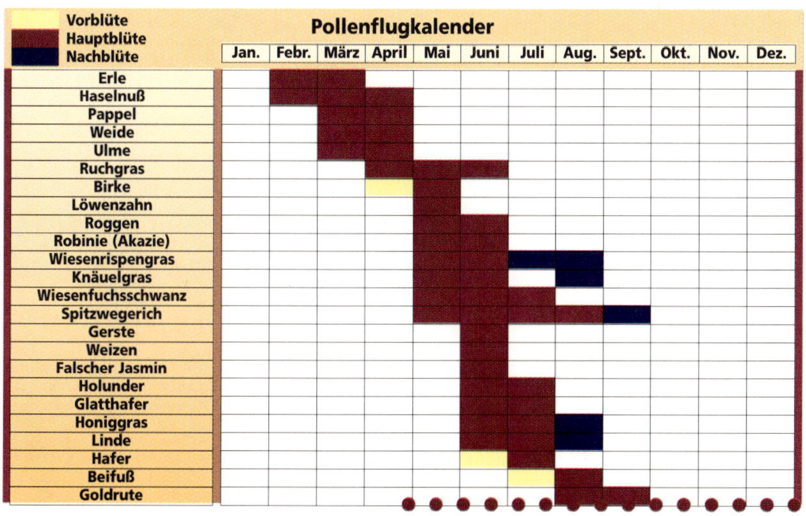

Wo und wann werden Laufwettbewerbe veranstaltet? Welcher Hersteller liefert Puls-Meßsysteme? Wie finde ich auf schnellstem Wege heraus, an welcher Stelle in »Laufen« etwas zum aeroben Training steht? – Der Anhang enthält die nötigen Informationen: Register, Adressenliste, Glossar

Anhang

Attraktive Laufveranstaltungen		
Zeitpunkt	**Ort**	**Distanz**
Januar	Neujahrslauf in Zürich	1–9,8 km
Ostern	Paderborner Osterlauf	10/25 km
April	Boston/USA	42,195 km
April/Mai	Hanse-Marathon	42,195 km
Mai	Deutscher Frauenlauf in Berlin	5 km
Mai	München-Marathon	42,195 km
Mai	Grand Prix von Bern	16,093 km
Juni	100 km von Biel	100 km
Juni	Schweizer Frauenlauf in Bern	5 km
Juli	Nachtlauf in Davos	2,7–8 km
September	Kölner Brückenlauf	15 km
September	Greifenseelauf	3–21,1 km
September	Berlin-Marathon	42,195 km
Oktober	Rund um den Wolfgangsee	27 km
Oktober	Wienerhöhen-Straßenlauf	15 km
Oktober	Frankfurt-Marathon	42,195 km
Oktober	Nürburgringlauf	9/23,8 km
November	New York/USA	42,195 km
Dezember	Gippinger Stauseelauf	7,3 km
Dezember	Aachener Winterlauf	17,3 km
Dezember	Silvesterlauf in Zürich	2,8–9,1 km
Dezember	Silvesterlauf in Bozen	ca. 10 km
Dezember	Silvesterlauf in Sao Paulo	15 km

Glossar

Abduktoren (Abzieher): Muskeln, die Gliedmaßen vom Körper wegführen
Adduktoren (Anzieher): Muskeln, die Gliedmaßen zum Körper heranführen
Adenosintriphosphat (ATP): wichtigste energiereiche Verbindung des menschlichen Körpers
aerob: Energiebereitstellung unter ausreichender Sauerstoffversorgung
alaktazid: Ohne Bildung von → Laktat (Milchsäure)
anaerob: Energiebereitstellung unter Sauerstoffdefizit

Cholesterin: dient als Bestandteil von Zellmembranen beim Transport von Fettsäuren im Blut

Dehydratation: Störung des Wasser- und Salzhaushaltes durch starken Flüssigkeitsverlust (z.B. Schwitzen)
Diabetes mellitus: Störung in der Regelung des Blutzuckerspiegels infolge mangelhafter oder fehlender → Insulinproduktion bzw. -sensitivität
Diastole: Erschlaffungsphase des Herzmuskels
Distorsion: Durch gewaltsames Stauchen in der Längsachse verursachte Gelenksverletzung oft in Verbindung mit einem → Hämatom

Elektrolyte: Chemische Verbindungen – insbesondere der Mineralstoffe (Calcium, Kalium, Magnesium)
Endorphine: Körpereigene Botenstoffe mit morphinähnlicher Wirkung
Erythrozyten: Rote Blutkörperchen (→ Hämoglobin)

Fartlek (Fahrtspiel): Dauermethode mit ungeplantem, zufälligem Wechsel des Lauftempos

Glukagon: Hormon der Bauchspeicheldrüse, das den Blutzuckerspiegel durch eine Stimulation des Glykogenabbaus in der Leber erhöht
Glukose: Traubenzucker
Glykogen: Reserve-/Speicherform der → Glukose. Glykogenspeicher befinden sich bevorzugt in der Skelettmuskulatur und der Leber

Hämatom: Ansammlung von Blut außerhalb der Blutbahnen in den Geweben, verursacht durch Ein- oder Zerreißen von Blutgefäßen
Hämoglobin: eisenhaltiger roter Blutfarbstoff in den → Erythrozyten; dient dem Sauerstofftransport
Hypertonie: oberhalb des Normbereichs liegender Blutdruck
Hypotonie: unterhalb des Normbereichs liegender Blutdruck

Insulin: Hormon der Bauchspeicheldrüse, das den Blutzuckerspiegel senkt

Kontraktion: Zusammenziehen eines oder mehrerer Muskeln. *K., isometrische:* Spannungserhöhung des Muskels ohne Verkürzung; *K., isotonisch:* Verkürzung des Muskels bei gleichbleibender Spannung
Koordination: Zusammenspiel zwischen Nerv und Muskel, um eine gezielte Bewegung durchzuführen. K., intramuskuläre: innerhalb eines Muskels; K., intermuskuläre: zwischen mehreren Muskeln
Kortisol: Hormon der Nebennierenrinde, erhöht den Blutzuckerspiegel und steigert die Bildung von → Glykogen in der Leber
Kreatinphosphat (KP): energiereiche Phosphatverbindung (→ Adenosintriphosphat)

Laktat: Salz der Milchsäure. Laktat ist das Endprodukt der sogenannten anaeroben Oxidation des Brennstoffs → Glukose in Muskulatur und → Erythrozyten
Lipoprotein: Komplex aus Fetten und Eiweiß

Mitochondrium: Zellbestandteil, dessen hauptsächliche Aufgabe die Gewinnung von Energie in Form von → Adenosintriphosphat (ATP) ist (→ Kreatinphosphat)
Muskelfaserriß: Zerreißung kleiner funktioneller Einheiten eines Muskels
Muskelkater: Muskelschmerzen nach zu hoher oder ungewohnter Belastung durch kleinste Verletzungen innerhalb der Muskelfasern
Muskelriß: Zerreißen, Riß eines kompletten Muskelstranges
Muskelspindel: sensibler Meßfühler des Muskels, der die augenblickliche Muskellänge bzw. seine Änderung mißt
Muskelstreckreflex: durch die plötzliche Dehnung des Muskels ausgelöster Reflex, der zu einer Anspannung desselben Muskels führt
Myoglobin: roter Farbstoff der Muskulatur, der als Sauerstoffspeicher der Muskelfaser dient; dem → Hämoglobin ähnlich

Parasympathikus: auf Erholung ausgerichteter Teil des vegetativen Nervensystems
Patellaspitzensyndrom: Chronische Entzündung der Verbindungsstelle von Kniescheibenspitze und -sehne infolge Überbeanspruchung (syn. »Springerknie«)
Pronation: Einwärtsdrehung (z.B. beim Fuß: Hebung des äußeren Fußrandes)

Sehnenspindel: Wichtiger Informationsaufnehmer (Rezeptor) im sehnigen Anteil des Muskels, zuständig für die Messung der Spannung
Spurenelemente: Für den Organismus lebensnotwendige Gruppe von Mineralstoffen (z.B. Kupfer, Zink, Jod, Fluor), die nur in geringen Mengen benötigt werden
Steady state: Gleichgewicht zwischen Energieverbrauch und Energiebereitstellung sowie der Kreislauf-, Atmungs- und Stoffwechselvorgänge
Supination: Auswärtsdrehung (z.B. beim Fuß: Hebung des inneren Fußrandes)
Superkompensation: Auffüllung der Energiespeicher während der Erholungsphase auf ein höheres Niveau als vor der Trainingsbelastung
Sympathikus: auf Aktivierung ausgerichteter Teil des vegetativen Nervensystems
Systole: Anspannungsphase des Herzmuskels

Tendopathie(n): Chronische Sehnenerkrankung(en)
Torsion: im Mittelfuß erfolgende Drehung um die Fußlängsachse, die eine voneinander unabhängige Bewegung des Vorfußes und Rückfußes ermöglicht
Triglyzeride: Neutralfette; können in Gegenwart von Sauerstoff zur Energiegewinnung herangezogen werden

Vagotonie: Trainingsanpassung des Herzens durch eine Umstellung des vegetativen Nervensystems mit einer Verminderung der Herzfrequenz
Vitalkapazität: Volumen, das nach tiefster Einatmung maximal ausgeatmet werden kann
VO_2max: maximal mögliche Sauerstoffaufnahme (aerobe Kapazität) in ml/min

Zerrung: Kleinste Einrisse innerhalb der Skelettmuskulatur

Adressen

Fachverband

Deutscher Leichtathletik-Verband
Alsfelder Straße 27
64289 Darmstadt
Telefon: 06151-7708-0
Telefon: 06151-7708-11

Deutsche Gesellschaft für Ernährung e.V. (DGE)
Postfach 930201
60457 Frankfurt am Main
Telefon: 069-9768 03-0
Telefax: 069-976803-99

Sportausrüstung

Laufschuhe/-bekleidung:
ASICS Deutschland GmbH
Nissanstraße 4
41468 Neuss

Herzfrequenz-Meßgeräte:
POLAR ELECTRO GmbH Deutschland
Postfach 1545
64505 Groß-Gerau

Laktat-Meßgerät:
HESTIA PHARMA GmbH
Neckarauer Straße 152–162
68163 Mannheim

Trainingsbänder:
DEHAG
Antoniterstraße 2
50226 Frechen

Die aufgeführten Ausrüstungsgegenstände und Trainingsgeräte können über Sportfachhandel bzw. Apotheken bezogen werden.

Danksagung: Autoren und Verlag danken ASICS Deutschland GmbH, Neuss (Laufschuhe/-bekleidung), POLAR ELECTRO GmbH Deutschland, Groß-Gerau (HF-Meßgerät), HESTIA PHARMA GmbH, Mannheim (Laktat-Meßgerät), S. Walczyk, Leverkusen-Opladen (orthopädische Maßeinlagen) und RUNNERS POINT, Köln-Weiden für die freundliche Unterstützung bei der Fotoproduktion.

Literatur

Bauersfeld, K.H./Schröter, G. Grundlagen der Leichtathletik. Berlin 1994
Benner,K.U.: Der Körper des Menschen. Augsburg 1996
Diem, C.-J.: Tips für Laufanfänger. Aachen 1995
Fixx, J. F.: Das komplette Buch vom Laufen. Frankfurt a.M. 1995
Galloway, J.: Richtig laufen mit Galloway. Aachen 1995
Geiss, K.-R./Hamm, M.: Handbuch Sportlerernährung. Reinbek bei Hamburg 1992
Hottenrott, K.: Ausdauertraining: intelligent, effektiv, erfolgreich. Lüneburg 1995
Jonath, U./Krempel, R./Haag, E./Müller, H.: Leichtathletik 1. Laufen. Reinbek bei Hamburg 1995
Kindermann, W./Rost, F.: Hypertonie, Bewegung und Sport. Frankfurt a.M. 1991
Kleinmann, D.: Laufen. Sportmedizinische Grundlagen. Trainingslehre und Risikoprophylaxe. Stuttgart – New York 1996
Konopka, P.: Sporternährung. München – Wien – Zürich 1994
Markworth, P.: Sportmedizin 1 – Physiologische Grundlagen. Reinbek bei Hamburg 1983
Neumann, G.: Ernährung im Sport. Aachen 1996
Neumann, G./Pfützner, A./Hottenrott, K.: Alles unter Kontrolle – Ausdauertraining. Aachen 1993
Silbernagl, S./Despopoulos, A.: Taschenatlas der Physiologie. Stuttgart – New York 1991
Stemper, Th./Wastl, P.: Circuittraining, Funktionelle Übungen und Fitneßprogramme. Niedernhausen 1994
Time-Life Bücher (Hrsg.): Fit und Gesund: Laufen und Gehen. Das richtige Trainingsprogramm. Amsterdam 1990
Tittel, K.: Beschreibende und funktionelle Anatomie des Menschen. Stuttgart – New York 1994
Wessinghage, Th.: Laufen. Der Ratgeber für Ausrüstung, Technik, Training, Ernährung und Laufmedizin. München – Wien – Zürich 1996
Wöllzenmüller, F.: Richtig Jogging. München – Wien – Zürich 1993
Wöllzenmüller, F. (Hrsg.): Ausdauersport Handbuch. Oberhaching 1988
Zintl, F.: Ausdauertraining. München – Wien – Zürich 1994

Abrollbewegung 43
Abstoßphase 34, 46
Abwärmen 58
Achillessehnen-Reizung 112
Allergie 121
Alveolen 12
Armhaltung 51
Atem(-)
- frequenz 12
- minutenvolumen 12
- zugvolumen 12
Atmung(s) 12 f., 47, 63, 67
- system 10, 12, 20
Aufwärmen 58
Ausdauer(-) 18
- belastung 20 f.
- Check 53, 61, 66
- Kurzzeit 20
- Langzeit 20
- Mittelzeit 20
Ausdauertraining 21
- wettkampfspezifisches 71
Bänderdehnung/-riß 113
Belastung(s)
- dauer 21
- dosierung 67
- intensität 21
- test 16, 26
Berglauf 76
Beweglichkeit 18
Bewegungsablauf 43
Bewegungsapparat 28, 47
- aktiver 10, 14 f.
- passiver 10, 17
Biorhythmus 57
Blasen 114
Blut(-) 11
- volumen 12
Borg-Skala 64, 84
Conconi-Test 54
Crosslauf 82
Dauermethoden 61, 70
- kontinuierliche 72
- variable 72
Dauer-Test 54
Dehnen 59
- dynamisches 60
- postisometrisches 60
- statisches 60
Dehnübungen 59
Dehnungstechnik 60
Distorsion 113
Eiweiß 103
Endorphine 17
Energie(-) 96
- bedarf 96
- bereitstellung 15, 16, 97
- gehalt 98
- gewinnung 15
- verbrauch 96, 97
Erholung 22
Ermüdung 22
Ernährung 95 ff.
Fahrtspiel (Fahrtlek) 62
Fersenlauf 46
Fette 101
Flüssigkeitsaufnahme 117
Fuß(-)
- deformationen 32
- gelenksarbeit 48
- gymnastik 89 f.
- schwächen 35
- typ 32
Gesundheits-Check 24 f., 53
Getränke 104 f.
Glucose 15
Glykogen 15
Grundlagenausdauer-training 65 ff., 70
Grundumsatz 96 f.
Hämoglobin 12
Herz-Kreislauf-System 10 f., 20, 23
Herz(-) 11
- aktivität 41
- frequenz 54 ff., 66
- frequenzmessung 41
- minutenvolumen 12
- volumen 12
Heuschnupfen 121
Hopserlauf 48
Hormonsystem 17
Hügellauf 82
Immunsystem 17
Intervallmethode 62, 70
Kalorienverbrauch 97
Kniehebelauf 48
Kniescheiben-Beschwerden 111
Koordination 18
Körperhaltung 43, 50
Kohlenhydrate 97, 99 ff.
Kräftigungsübungen 85 ff.
Kraft(-) 18
- training 84 f.
Laktat 15, 41, 63
Landephase 34, 46
Lauf(-)
- bekleidung 39 f.
- belastung 58
- beschwerden 110
- bewegung 44 ff., 50
- erfahrung 78
- geschwindigkeit 55
- phase 46
- schritt 50
- schuhe 30 ff.
- schuhkauf 35
- stil 43, 46 ff.
- strecke 35, 64
- tempo 63
- training 9
- Variationen 82
- Veranstaltungen 123
- wettbewerb 52, 76
- zeit 54
Laufen
- bei Hitze 117
- bei Kälte 120
- bei Ozon 119
- bei Smog 120
Leistung(s)
- fähigkeit 19, 57
- grenze 19
- kontrolle 53
- niveau 23
- reserve 57
- umsatz 96
Lunge 13
Marathon 52, 79
Marschtabelle 79
Mineralstoffe 104
Mitochondrien 12, 15
Mittelfußlauf 46
Muskel(-) 14
- aktivität 45
- fasern 14
- kater 111
- krampf 115
- masse 21
- riß 114
- zerrung 114
Muskulatur 14
Nährstoffe 98
Nahrungsmenge 98
Pause
- aktive 58
- lohnende 69
- vollständige 69
Pollenflugkalender 121
Pronation 34
Psyche 9 f., 17, 27
Pulsfrequenz 63, 64
Pulskontrolle 79
Puls-Meßsystem 41
Regeneration 22, 58
Risikogruppen 27
Ruheherzfrequenz 12
Sauerstoffaufnahme 12
Sauerstoffversorgung 21
Schlagvolumen 12
Schnelligkeit 18
Schrittlänge 47
Schwungphase 44
Seitenstechen 110
Skelettmuskulatur 23
Skipping 48
Sportlerernährung 99 ff.
Sprunglauf 49
Standphase 34, 46
Steigerungslauf 49
Stretching(-) 59 f.
- übungen 91 f.
Stützphase 44
Superkompensation 22 f.
Supination 34
Torsion 47
Training(s) 22, 53, 58
- belastung 61 ff., 72, 98
- bereich 70
- einheit 58, 67, 78
- empfehlung 81
- erfolg 23
- gelände 28 f.
- häufigkeit 35
- inhalt 72
- intensität 41
- jahr 72
- Kompensation 64
- methoden im Ausdauer-training 61
- niveau 22
- periode 71, 72
- phase 98
- plan 53 ff., 67
- planung 53 ff., 83
- programm 18, 53 ff.
- programm für Lauf-anfänger 66 ff.
- programme für Leistungsorientierte 69 ff.
- protokoll 74 f.
- Regeneration 64
- reiz 22 f., 73
- strecke 78
- umfang 77
- wirkung 17
- zeit 81
- ziel 53, 71, 72
- zustand 12, 19, 96
Überlastung 109, 116
Übertraining 77 f.
Verletzungen 116
Verstauchung 113
Vitamine 101, 104
Vorfußlauf 46
Wettkampf(-)
- methode 62
- ziel 78 f.
Wiederholungsmethode 62
Zecken 118 f.
Zentralnervensystem 17

Im FALKEN Verlag sind viele weitere attraktive Ratgeber zum Themenbereich »Sport und Fitneß« erschienen. Sie sind überall erhältlich, wo es Bücher gibt.

Sie finden uns im Internet: **www.falken.de**

Dieses Buch wurde auf chlorfrei gebleichtem und säurefreiem Papier gedruckt.

ISBN 3 8068 1739 1

Umschlaggestaltung: Rincón² Design & Produktion, Köln
Layout: Reckels, Schneider-Reckels & Weber, Wiesbaden
Titelbild: TONY STONE IMAGES, Gary Nolton, München
Rückseite: STUDIO TEAM Gesellschaft für Werbefotografie mbH/W. Zöltsch, Langen
Fotos: Toni Angermaier, Holzkirchen: S. 118; **ASICS Deutschland GmbH,** Neuss: S. 35 o., S. 37, S. 42/43, S. 47, S. 82 u.; **BONGARTS SPORTPRESSEPHOTO,** Hamburg: S. 2/3, S. 5 o., S. 17, S. 24/25, S. 76, S. 109/ **Hassenstein:** S. 30/31, S. 83 o./**Vivien Venzke:** S. 122/123; **ergoline Vertriebs GmbH,** Bitz: S. 27; **FALKEN Archiv/TLC:** S. 95, S. 99, S. 101, S. 102, S. 103, S. 104, S. 107; **jump,** Hamburg: S. 4 u., S. 19, S. 52/53, S. 77, S. 83 u.; **Thomas Zimmermann,** Köln: S. 8/9, S. 43, S. 108/109; **STUDIO TEAM Gesellschaft für Werbefotografie mbH/ W. Zöltsch,** Langen: alle übrigen Fotos
Zeichnungen: Dietmar Griese, Hannover: S. 32/33 (4 Z.), S. 34 (3 Z.), S. 36 (2 Z.), S. 38 (6 Z.), S. 44/45 u. (7 Z.), S. 46 (3 Z.); **Gerhard Scholz,** Dornburg: S. 13 (3 Z.), S. 14 (5 Z.), S. 44/45 o. (3 Z.)
Grafiken: Andreas Haller, Frankfurt am Main: S. 11 (2 G.), S. 15, S. 16 (2 G.), S. 22, S. 23, S. 53, S. 56, S. 57, S. 66, S. 70 (2 G.), S. 71, S. 77; **Reckels & Schneider-Reckels,** Wiesbaden: S. 98/99
Graphische Gestaltung, Satz und Herstellung: Reckels & Schneider-Reckels, Wiesbaden
Redaktion: Jürgen Knöppler, Meike Haseldiek
Bildbeschaffung: Dr. Ruth Leners

Druck: Appl, Wemding

817 2635 4453